L'agenda GROSSESSE des paresseuses

CW01655820

Illustration motifs : Soledad Bravi

© Hachette Livre (Marabout), 2016.
Aucune partie de ce livre ne peut être reproduite sous quelque forme que ce soit ou par quelque moyen électronique ou mécanique que ce soit, y compris des systèmes de stockage d'information ou de recherche documentaire, sans autorisation écrite de l'éditeur.

Mademoiselle Navie

L'agenda GROSSESSE *des paresseuses*

MARABOUT

La fête à neu-neuf mois

Les parcs d'attractions manquent cruellement d'originalité : de grand huit en train fantôme, ils tentent de nous faire vivre le grand frisson à coups de carton-pâte et toiles d'araignée achetées au kilo sur Internet.

Pourtant, s'ils s'inspiraient de la vraie vie, ils pourraient nous proposer des attractions VRAIMENT fascinantes. Le bateau du « merde-j'ai-oublié-de-faire-ma-déclaration-de-revenus », le manège du « peut-être-qu'-il-va-quitter-sa-nana-pour-moi », mais surtout le train des « grandes-montagnes-de-la-grossesse ».

Vous voulez rire, pleurer, avoir peur ? Vous voulez être transportée dans des moments de grâce pour ensuite plonger dans un inconnu terrifiant ? Vous voulez voir votre corps chahuté, vos cheveux s'ébouriffer ? Vous voulez une photo souvenir de vous, peu flatteuse mais remplie de sentiments ? Le train de la grossesse n'attend que vous !

Félicitations ! Voilà ce qu'on vous dira en premier.

S'ensuit généralement un interrogatoire en bonne et due forme ainsi que des conseils non demandés – mais parfois avisés – sur des sujets pas du tout intimes comme : la péridurale, l'allaitement, la date de conception, les varices vulvaires et compagnie. Quel beau programme !

Heureusement ce guide a été prévu comme un manuel de guerrière à l'usage des femmes enceintes. Votre état n'est pas une maladie, mais il vous fera peut-être vomir. Votre état ne concerne que vous et votre couple, et pourtant, il sera au centre des conversations.

Être enceinte, c'est traverser différentes émotions, parfois si diamétralement opposées, que vous aurez l'impression d'être Brenda dans *Beverly Hills* (et qui veut être Brenda ?). Vous ne pouvez pas vivre ça sans aide.

Avec des conseils, des astuces, des informations sérieuses, et des questions pour se déculpabiliser, cet agenda de grossesse sera votre carnet à vous, celui que vous garderez précieusement et relirez, quand votre tout petit grain de sésame, niché actuellement au creux de votre nombril, sera un adolescent criant à la terre qu'il vous déteste.

Allez, on respire et on accroche sa ceinture
car le petit train va partir.

Vide-mémoire

Enceinte, on oublie tout et vous n'échapperez pas à la règle. C'est la faute aux hormones, à la fatigue et sûrement un peu celle de votre mère (c'est toujours un peu sa faute). Notez ici toutes les dates clés, les numéros à ne pas oublier, les combinaisons gagnantes du Loto !

Nom : ....

Prénom : ....

Adresse : ....

....

Date de naissance : ....

Groupe sanguin : ....

N° de sécurité sociale : ....

N° affiliation mutuelle : ....

Star à qui je ressemble parfois : ....

Allergies connues : ....

....

Personne à prévenir en cas d'urgence #1

N° de téléphone :

Personne à prévenir en cas d'urgence (si #1 ne répond pas)

N° de téléphone :

Maternité :

Adresse :

N° de téléphone :

Médecin :

N° de téléphone :

Gynécologue :

N° de téléphone :

N° du laboratoire :

Autres n° de professionnels :

Dates des dernières règles :

Date prévue de mon accouchement :

Pointure de chaussures si vous voulez me faire un cadeau :

Qu'est-ce qui m'attend ?

Savez-vous déjà quelle femme enceinte vous allez être ? Même si vous êtes déjà maman, les grossesses se suivent et ne se ressemblent pas, c'est donc l'heure de passer notre antitest de grossesse.

1. Quand il s'agit de faire la fête, vous êtes...

A. Passée par là et on ne vous y reprendra pas
B. Toujours partante comme pour une pétanque
C. Parfois dispo, quand le lendemain vous pouvez faire dodo

2. Quand vous tombez sur un fruit siamois (deux fruits collés ensemble)...

A. Vous les décrochez délicatement
B. Vous les gobez en même temps parce que c'est mignon
C. Ils ont une malformation et vous les jetez en pensant « Tchernobyl »

3. Les femmes qui partagent des photos d'elles enceintes, à la maternité, à poil, en train d'allaiter...

A. C'est si beau
B. C'est hilarant
C. C'est gênant

4. Vous recevez une réponse pour un entretien vendredi, et quand arrive le jour J, on vous dit qu'il est reporté dans 9 mois...

A. Vous égorgez le DRH et avalez un tube de colle UHU
B. Vous prenez votre mal en patience, après tout, tout vient à point...
C. Chouette, il vous reste neuf mois pour vous préparer à votre futur job, hihi !

5. Quelle malade êtes-vous ?

A. Vous êtes un roc, un cap, une péninsule
B. Vous prenez votre mal en patience mais vous aimez vous plaindre
C. Vous tournez de l'œil dès qu'on vous coupe les ongles trop courts

✶	●	■
1 B	1 A	1 C
2 C	2 B	2 A
3 B	3 A	3 C
4 A	2 B	4 3
5 C	5 A	5 B

Si vous avez une majorité de ✶

La grossesse est faite pour vous : BRAVO ! Vous allez adorer être enceinte et vivre ce grand moment de grâce... mais vous êtes aussi la candidate idéale à la dépression post-partum[1] ! (Ah bah oui, on ne peut pas avoir tous les avantages !)

Si vous avez une majorité de ●

Peut-être que vous allez aimer, peut-être pas. Ça, c'est classique chez les gens qui répondent toujours « moitié-moitié »... Ce sera la surprise !

Si vous avez une majorité de ■

Très clairement : neuf mois ça va être long pour vous. Mais bénissons l'évolution de ne pas nous avoir collé le temps de gestation des pachydermes (20/22 mois). (Ça n'a AUCUN SENS, on est d'accord.)

1. La dépression post-partum, ou dépression postnatale, touche entre 5 à 25 % des femmes (oui, il existe bien trop d'études et de mesures différentes). Persistante et éprouvante, elle se manifeste par un sentiment de découragement, des pleurs, un manque d'appétit, une perte de confiance en soi, un désintérêt pour l'enfant... Elle peut durer jusqu'à 6 mois et doit être traitée par un médecin. À différencier du baby-blues, une hypersensibilité qui touche 80 % des femmes et qui survient 3 à 10 jours après l'accouchement.

Parlez-vous le « femme enceinte » ?

Tout au long de votre grossesse, vous allez entendre de nombreux termes médicaux dont vous ignoriez l'existence (et peut-être auriez-vous souhaité continuer ainsi). Voici un petit best of, bien que vous retrouverez tout au long du guide des focus pour vous aider à comprendre ce qu'il se passe dans votre corps.

Amniocentèse

Prélèvement de liquide amniotique (à l'aide d'une aiguille et sous échographie) afin d'obtenir le caryotype, la carte d'identité des 23 paires de chromosomes du bébé. L'amniocentèse permet de dépister la trisomie 21 et d'autres anomalies chromosomiques.

Aménorrhée

Permet de calculer le terme à partir du premier jour de vos dernières règles et non de la date d'ovulation.

Bouchon muqueux

La glaire cervicale (mucosités qui ferment le col de l'utérus) protège le fœtus des bactéries qui viennent de l'extérieur. Quand vous perdrez cet épais bouchon muqueux, ce sera le signe que l'accouchement se rapproche (mais ça peut encore durer une semaine).

Cerclage

Quand une femme présente une béance du col, on doit alors poser une bandelette de Nylon par les voies naturelles et sous anesthésie autour du col de l'utérus afin de le maintenir bien fermé.
La grossesse peut ainsi se poursuivre dans de bonnes conditions.

Diabète gestationnel

Diabète dû aux bouleversements hormonaux de la grossesse, il ne dure que le temps de la gestation mais demande une surveillance et un régime. Le principal risque est d'avoir un bébé trop gros, ce qui peut perturber le bon déroulement de l'accouchement.

Doppler

Examen qui mesure la vitesse du sang dans le cordon et permet de vérifier que les échanges fœto-maternels sont de bonne qualité.

Dosage de marqueur sérique

Test sanguin pour les futures mamans de moins de 38 ans afin de dépister un risque de trisomie 21.

Épisiotomie

Incision du périnée pour éviter une déchirure lors de l'expulsion de l'enfant.
Elle est faite au moment où une contraction insensibilise le périnée.

Forceps

Outil qui ressemble à deux grandes « cuillères à salade ». Il permet d'aider la tête du bébé à sortir lorsque l'accouchement est trop long.

Hauteur utérine

Distance comprise entre le pubis et le fond de l'utérus.
Elle permet de vérifier la bonne croissance du fœtus. À la fin du troisième trimestre, à neuf mois, il mesure de 32 à 34 centimètres.

Hormones HCG

L'hormone gonadotrophine chorionique permet à l'œuf de s'implanter et de se développer dans la muqueuse utérine en bloquant le cycle de l'ovaire et en empêchant la venue des règles.

Hypotrophie (ou retard de croissance intra-utérin)

Le bébé a un poids trop léger par rapport au nombre de semaines de grossesse. Il est alors demandé à la mère de cesser toute activité.

Hypertension

Il y a hypertension lorsque la pression artérielle dépasse 14/9. Elle est dangereuse et provoque un retard de croissance du fœtus, le décollement du placenta ou plus rarement une toxémie gravidique (qui peut conduire à un œdème du cerveau de la future mère).

Hémorroïdes

Elles sont dues à des problèmes circulatoires et provoquent des démangeaisons et des petits saignements. Ces varices peuvent survenir quand on est enceinte et s'aggraver pendant l'accouchement.

Listériose

Provoquée par la bactérie Listeria qui, si elle passe la barrière du placenta, peut entraîner une fausse couche précoce ou un accouchement prématuré. La Listeria évolue dans le lait, les légumes crus mal lavés, les charcuteries, la viande pas assez cuite.

Masque de grossesse (ou chloasma)

C'est un ensemble de taches irrégulières, grises ou brunes qui apparaissent sous l'action des hormones. On les retrouve sur le front, le menton, les tempes et les joues. Ce masque disparaît en partie après la naissance.

Monitoring

Appareil qui mesure le rythme, la durée des contractions utérines ainsi que les battements de cœur du bébé.

Pelvimétrie

Radiographie pour mesurer la dimension des os du bassin et vérifier que la tête du bébé peut s'y engager. Si ce n'est pas le cas, la césarienne sera programmée.

Siège

C'est quand le bébé se présente par les fesses. Si les dimensions du bassin le permettent et que le bébé n'est pas trop gros, l'accouchement peut se dérouler comme prévu. Sinon, direction césarienne.

Toxoplasmose

La toxoplasmose est une maladie infectieuse due à un parasite.
Elle peut se contracter en consommant de la viande contaminée mal cuite, des crudités mal lavées ou de l'eau souillée.

mon 1er TRIMESTRE

Bienvenue dans le trimestre insaisissable (rarement chéri par les femmes enceintes).

Soit vous ne ressentez aucun changement, vous n'arrivez pas à vous projeter : vous êtes la même personne avec un peu plus de bide et d'aigreurs d'estomac (génial).

Soit vous vomissez BEAUCOUP, vous dormez mal, vos hormones vous rendent zinzin : vous êtes donc la même, en folle (génial bis).

1er MOIS *du* .... *au* ....

	jour de semaine			
semaine 1 / SA3	jour / mois	.../...	.../...	.../...
semaine 2 / SA4	.../...	.../...	.../...	.../...
semaine 3 / SA5	.../...	.../...	.../...	.../...
semaine 4 / SA6	.../...	.../...	.../...	.../...

nnée ____________

mes NOTES

.../...	.../...	.../...
.../...	.../...	.../...
.../...	.../...	.../...
.../...	.../...	.../...

Vous êtes enceinte !

À vous regarder dans la glace, rien n'y paraît, pourtant, en vous, c'est la révolution ! Que ce soit un accident ou que vous l'attendiez depuis des mois, c'est une nouvelle difficile à réaliser ; certaines le savaient au plus profond de leur être, d'autres pensaient que c'était une gastro… Mais maintenant qu'il/elle est là, il est possible que vous ne sachiez pas trop comment réagir : vous êtes à la fois heureuse et terrorisée, vous comprenez que votre vie va changer, vous vous demandez ce qui vous attend, vous regardez le/la futur(e) papa/maman, comme on scrute les tenues de ceux qui assistent à la *fashion week*. Tomber enceinte, c'est un grand événement. C'est tout à fait normal de paniquer, de vivre des moments de doute, puis d'euphorie.

Autorisez-vous à passer par toutes ces étapes sans culpabiliser !

FINI *les sushis !*

Les interdictions alimentaires n'ont pas pour but de torturer les femmes enceintes, elles protègent aussi des infections qui peuvent parfois avoir des répercussions sur votre grossesse et sur le bébé.

Interdit : alcool, drogue (haha !), tabac, croûtes de fromage.

À éviter : les poissons crus ou fumés, les poissons prédateurs (espadon, thon, etc.), la viande crue, la charcuterie (même les pâtés), le lait cru, les fromages non pasteurisés, les graines germées crues (graine de soja), la peau des fruits et des légumes.

Avec grande modération : le chocolat chaud, le café, le thé, les sodas, les sucreries, les friandises.

Dit comme ça, on dirait qu'il reste le riz cuit sans beurre, sans sel. Il faut savoir s'écouter, se faire plaisir et trouver des substituts… sans devenir complètement paranoïaque sur la nourriture ! Votre médecin vous dira comment gérer vos frustrations.

Un décalage SA/SG ?

Semaines d'Aménorrhée (SA)

semaines écoulées depuis le premier jour de vos dernières règles. Pour marquer des points au Scrabble : aménorrhée = absence de règles.

Semaines de grossesse (SG)

semaines qui suivent la fécondation. Cette dernière arrive en général au début de la troisième semaine d'aménorrhée, ce qui explique le décalage de deux semaines entre les SA et les SG.

SA03 semaine

01

1er MOIS

Semaine du .... *au* ....

Mon poids : .... kg

Mes rendez-vous :

Comment j'ai appris que j'étais enceinte ?

Quelle est la première chose à laquelle j'ai pensé quand j'ai su que j'étais enceinte ?

Cette semaine, je me suis sentie…

ma TO-DO LIST

mes QUESTIONS

Vous êtes déjà morte d'inquiétude ?

Eh oui ! la maternité, ça commence souvent par ce sentiment qui ne vous quittera, soyons honnêtes, qu'à votre mort. La peur d'une fausse couche, d'une anomalie, d'un problème quelconque, est tenace lors du premier trimestre. Et pour cause : il y a quelques jours, inconsciente de ce qui se tramait sous votre nombril, vous avez peut-être arrosé copieusement vos soirées de vodka, vous avez fumé plus que de raison, voire pire, fait une ÉNORME orgie de sushis douteux avalés entre potes devant la télé... espèce de mère indigne ! La DDASS est à deux doigts de débarquer !

Rassurez-vous, les deux premières semaines, l'embryon n'est pas encore connecté au système sanguin de la mère. S'il y avait eu un souci pendant ce laps de temps, vous auriez eu comme de « grosses règles », une fausse couche non décelée. Souriez en repensant à ces moments de joies inconscients, vous devrez attendre huit mois et demi pour vous remettre à nouveau la tête à l'envers.

LA FAUTE *aux hormones !*

Vous avez l'impression d'être hyper émotive, fatiguée, et par moments complètement cinglée ? Les hormones ne sont pas là pour vous rendre chèvre, mais pour aider l'embryon à devenir un fœtus, puis un bébé en pleine santé qui ne voudra pas faire ses nuits ! Comprendre leur rôle aide à relativiser les conséquences parfois chiantes !

(Voir « Parlez-vous le "femme enceinte" ? »)

Important !

Il faut s'inscrire à la maternité le plus tôt possible, dès que la grossesse est avérée, surtout si vous vivez dans une grande ville (en particulier Paris). La hausse de la natalité, la fermeture des petites structures et la réputation d'une clinique font qu'elles sont parfois complètes neuf mois à l'avance.

Pour la choisir, c'est simple, filez à l'Interlude #1.

SA04 semaine

02

1er MOIS

Semaine du ______ *au* ______

Mon poids : ______ kg

Mes rendez-vous :

Comment l'ai-je dit à mon/ma chéri(e) ?

Comment a-t-il (elle) réagi ?

Cette semaine, je me suis sentie…

ma TO-DO LIST

mes QUESTIONS

Haut les cœurs !

Du camembert qui coule, une odeur de kebab pas nette, la fumée des pots d'échappement, de la clope, le parfum de votre amoureux(se), les remarques de votre boss : TOUT vous donne envie de courir aux toilettes et vomir ? (Peut-être même que vous n'avez pas pu lire cette phrase jusqu'au bout). La nausée est un des symptômes classiques qui accompagnent les premiers mois de la grossesse. La nature est mal faite, les symptômes auraient pu être de beaux cheveux, un teint parfait, mais à part une taille de bonnet en plus, la grossesse c'est beaucoup de plaisir dans le cœur, peu dans le corps. Difficile de passer inaperçue quand, le teint blafard, vous refusez ce dessert pour lequel vous auriez vendu votre mère il y a un mois. Mais pour vous, la parfaite excuse à votre état, c'est de dire à qui veut l'entendre : « J'ai une gastro ! »

ASTUCES *antivomi*

- Toujours avoir un biscuit, un morceau de pain sur sa table de nuit. Mangez encore allongée dès le réveil, la faim provoque les nausées matinales.
- Évitez de faire des repas lourds et fractionnez vos prises alimentaires en faisant au moins quatre petits repas par jour.
- Respirez des odeurs mentholées, chez certaines personnes, c'est radical.
- Les bracelets de marin (disponibles en pharmacie, à l'origine pour lutter contre le mal de mer) sont très efficaces.
- N'allez pas chez Sephora, ou tout autre endroit aux odeurs potentiellement chargées (les vestiaires d'une équipe de rugby un soir de match, une fromagerie, etc.).

Mangez deux fois mieux, pas deux fois plus !

Là-dessus, les femmes enceintes sont parfois schizophrènes, partagées entre l'envie de se faire plaisir parce qu'elles ne risquent pas de rentrer dans un ensemble Victoria's Secret avant quelque temps, et l'angoisse de ressembler à un saindoux après avoir expulsé le divin enfant.

Faites-vous confiance, soyez la plupart du temps raisonnable tout en sachant vous lâcher exceptionnellement.

Une fois par semaine, par exemple, autorisez-vous un beau repas sans penser « calories ».

Et bien sûr, faites du sport !

SA05 semaine

03

1er MOIS

Semaine du ______ *au* ______

Mon poids : ______ kg

Mes rendez-vous :

À ce stade, qui est au courant ?

À qui ai-je hâte de le dire ?

Cette semaine, je me suis sentie...

ma TO-DO LIST

mes QUESTIONS

WAAHOU, un mois !

Bravo : plus que huit (haha !). Et si c'est passé vite, ça tient surtout au fait que les premiers temps, la nouvelle mère est très curieuse ; tout n'est que découverte et multiples questions occupant l'esprit. Mais imaginez comment, en un mois déjà, votre vie a changé. Peut-être pas dans votre quotidien ni dans votre corps, mais dans la tête, c'est le grand chamboulement.

Si une grossesse peut sembler longue, ce temps est toutefois le bienvenu pour se préparer matériellement, psychologiquement et surtout physiquement. Vos hanches ont, par exemple, une quarantaine de semaines pour se faire à l'idée qu'une tête va passer par là. Si cela durait 21 jours (le temps de gestation d'un rat), vous deviendrez complètement cinglée, il faut être réaliste. Du jour au lendemain, vous vous retrouveriez avec un gosse dans les bras alors qu'hier encore, vous aviez 20 ans.

1ER EXAM PRÉNATAL *obligatoire !*

Il doit avoir lieu entre la fin du deuxième et du troisième mois.

À son issue, vous obtiendrez les papiers nécessaires pour déclarer votre grossesse aux différents organismes. Un examen clinique complet (général et gynécologique) sera pratiqué, et après avoir été examinée sous toutes les coutures (les plus intimes), vous devrez finir par un examen en laboratoire.

Tout ceci permet d'éliminer, dès le début, tous les risques en adaptant votre grossesse aux problèmes que vous pourriez avoir (surpoids, carence, toxo, etc.).

Bienvenue dans l'ère médicale, youpi !

Fourmi vs cigale

Il vous reste huit mois avant d'accueillir votre enfant : et si, dès maintenant, vous mettiez des sous de côté pour toutes les dépenses liées au futur membre de la famille ? Vous verrez, vous le sentirez moins passer.

On conseille aux parents de s'équiper pendant le dernier trimestre, mais rien ne vous empêche d'économiser avant, par exemple grâce à la mise en place d'un virement permanent sur un compte.

SA06 semaine

04

1er MOIS

Semaine du .... *au* ....

Mon poids : .... kg

Mes rendez-vous :

Quel genre de père/mère va être mon/ma compagne/compagnon ?

Pronostics Mois 1 :

- ○ Fille ○ Garçon
- ○ Chevelu ○ Chauve
- ○ Géant ○ Crevette

Cette semaine, je me suis sentie...

ma TO-DO LIST

mes QUESTIONS

INTERLUDE #1

Accouchement 5 étoiles

S'inscrire à la maternité, c'est comme quand H&M lance une collection capsule trop chère : premier arrivé, premier servi ! Conseil d'experte de la procrastination : n'attendez pas pour demander LA clinique dont vous avez envie, qui coïncide sûrement avec celle dont tout le monde parle, dans laquelle on prend des bains pour supporter les contractions, et où il y a un service de films VOD et des pop-corn dans le couloir. Sinon, vous finirez bien dans une autre maternité, mais sans pop-corn et sans coiffeur de stars post-accouchement.

Maternité niveaux I, II, III

Attention ce classement n'a rien à voir avec les étoiles d'un guide de vacances, accoucher dans une maternité de niveau I ne veut pas dire accoucher dans une maternité qui se trouve sur le parking de Cora. Les niveaux en France (obligatoires) sont un classement selon l'équipement (matériel, salles) et les équipes médicales.

★ La maternité de niveau I

Elle prend en charge les grossesses classiques. Il y a bien évidemment une présence pédiatrique permettant l'examen du nouveau-né et la prise en charge auprès de la mère d'un certain nombre de situations fréquentes et sans gravité. La maternité a un bloc opératoire pour les premières interventions d'urgence (bénignes).

★ La maternité de niveau II

Elle n'a pas de service de réanimation mais elle prend en charge les grossesses à risques modérés et tous les nouveau-nés qui nécessitent une surveillance particulière grâce à son service de néonatalogie.

★ La maternité de niveau III

C'est celle où l'on transfère les mères et les bébés en cas de problème. Les cliniques de niveau III ont un service de néonat', de réanimation, et toutes les grossesses dites « à risques » (multiple, prématuré, obésité...) sont suivies dans un niveau II ou III.

Réputation

Dès l'instant où vous apprenez que vous êtes enceinte (après avoir bien sûr informé le/la principal(e) intéréssé(e)), renseignez-vous sur les hôpitaux proches de chez vous. N'hésitez pas à demander à vos voisines, à aller sur les forums.

Faites-vous une liste de vœux, comme pour les études après le bac, pour éviter la terrible déception du « on-est-complet-pour-novembre-lol ». Dans la vie, comme pendant une grossesse, il faut toujours avoir un plan B/C/D, etc.

Question à se poser sur le lieu d'enfantement

* Le parent 2 a-t-il le droit d'assister à l'accouchement (par voie basse et péridurale) ? Autant être préparée si, pour des raisons de politique intérieure, vous vous retrouviez à pondre seule.

* Y a-t-il une nursery pour pouvoir vous reposer la première nuit qui suit l'accouchement ? (Vous me remercierez d'avoir INSISTÉ sur ce point).

* Y a-t-il des chambres individuelles, et comment faire pour en obtenir une ? C'est important, pour 800 000 raisons. La première, sans faire de dessin, étant : L'INTIMITÉ.

* Vous allez vous rendre régulièrement dans cette maternité les mois précédant la mise au monde, assurez-vous que le trajet n'est pas interminable.

* Sont-ils aimables ? Vont-ils vous crier dessus parce que vous « poussez mal » ? Sont-ils équipés de ballons et autres accessoires cool qui aident à faire passer les heures ?

* Peuvent-ils faire croire à votre belle-famille que les visites s'achèvent à 16 heures au lieu de 20 heures ?

* Votre chéri(e) a-t-il/elle le droit de dormir à vos côtés après[1] ?

C'est la monnaie qui dirige le monde

Cocorico, la sécurité sociale permet d'accoucher GRATUITEMENT en France dans les maternités publiques ou privées conventionnées. Si vous en choisissez une non conventionnée, demandez les tarifs de dépassement d'honoraires et parlez-en à votre mutuelle.

À la maison

Elles sont 1 % à faire ce choix, mais peut-être les rejoindrez-vous ! Sachez que ça ne vous dispensera d'aucun examen prénatal et qu'après l'accouchement, votre enfant devra tout de même faire un tour à la clinique. Après l'accord du médecin, choisissez une sage-femme libérale qui pratique l'accouchement à domicile. Généralement, pour un premier accouchement, le corps médical est réticent, mais n'oubliez pas que ce choix, bien qu'il doive être fait en toute connaissance de cause, est **le vôtre !**

1. Sachez qu'il est illégal pour un hôpital de mettre dehors le deuxième parent, même après les heures de visite.

2e MOIS *du* ______ *au* ______

	jour de semaine			
semaine 5 / SA7	jour / mois	.../...	.../...	.../...
semaine 6 / SA8	.../...	.../...	.../...	.../...
semaine 7 / SA9	.../...	.../...	.../...	.../...
semaine 8 / SA10	.../...	.../...	.../...	.../...

année

.../...	.../...	.../...
.../...	.../...	.../...
.../...	.../...	.../...
.../...	.../...	.../...

mes **NOTES**

Parlez à votre mère !

C'est fou comme « tomber enceinte » vous renvoie rapidement aux rapports que vous entretenez avec votre propre mère – comme si vous n'aviez pas d'autres choses plus urgentes à gérer. Les questions pleuvent : quelle mère était-elle, quels sont les rapports que vous entretenez aujourd'hui, quelle grand-mère sera-t-elle ? Et puis surtout, quelle mère serez-vous ? Vous avez l'intention d'être meilleure (parfois c'est facile, parfois, quand sa mère c'est Beyoncé, ça peut être compliqué) mais force est de constater qu'on finit parfois par reproduire certains schémas. Et puis, si votre enfant était... comme vous ? Rappelez-vous vos parents, en colère, vous balançant : « Tu verras quand tu auras un enfant, j'espère qu'il sera comme toi ! »... Malédiction !

Alors, pour que tout se passe au mieux, il faut DÈS MAINTENANT faire le point sur le sujet. Une grossesse sert aussi à ça : vous ne pouvez pas accueillir votre enfant au milieu d'un drame familial digne d'un téléfilm de M6. C'est beaucoup trop 90' !

ACIDE FOLIQUE À VOLONTÉ

Vous n'avez pas le droit à l'alcool, à la cigarette, aux manèges à sensations fortes ni à la drogue, mais rassurez-vous, vous avez le droit à autre chose : **l'acide folique** ou vitamine B9. Cette vitamine participe à de nombreuses fonctions dans votre corps comme la production du matériel génétique, la division cellulaire, la formation des globules rouges, le fonctionnement du système nerveux et du système immunitaire ; elle est indispensable à la production de nouvelles cellules, donc super importante quand on est enceinte. Vous pouvez la retrouver naturellement dans votre alimentation (haricots verts, asperges, épinards, lentilles, etc.) mais comme 75 % des femmes ont des apports inférieurs à la moyenne demandée, votre médecin vous en prescrira sûrement en complément.

Avant de devenir une M.I.L.F...

Dans quelques semaines vous ne pourrez plus mettre votre jean fétiche ou la robe qui vous permet de ne JAMAIS faire la queue dans la boîte la plus sélecte de votre région. Profitez-en pour faire faire un dernier tour de piste à tous ces vêtements qui ont fait vos heures de gloire sans enfant. La prochaine fois que vous les remettrez, vous appartiendrez à la catégorie prisée des M.I.L.F. (comme Beyoncé, Kim Kardashian, Heidi Klum).

Astuce : investissez dans des bons soutiens-gorge.... ils sauveront vos seins de la gravité.

2e MOIS

Semaine du .... *au* ....

Mon poids : .... kg

Mes rendez-vous :

Que dois-je améliorer pour mon bien-être ces prochains jours ?

Quelles sont les sensations que je découvre ?

Cette semaine, je me suis sentie…

ma TO-DO LIST

mes QUESTIONS

Dormir...

Voilà la chose que vous préférez faire en ce moment, vous ne rêvez d'ailleurs que de ça : en réunion, dans la rue, dans les transports, au restaurant avec tous vos copains, devant un film, quand vous faites l'amour... Même en vous réveillant, vous voulez dormir. C'est normal, votre corps est en train de fabriquer la machine la plus puissante, la plus complexe qui soit : un être humain. Accordez-vous ce droit au repos, car les trois premiers mois sont particulièrement éprouvants physiquement. Votre corps est encore sous le choc, surtout si le plus grand effort que vous ayez fait dans votre vie est de courir après un bus, une fois (vous en aviez même fait un statut Facebook). Faites des siestes, des grasses mat' et si vous sentez que vous êtes vraiment épuisée, parlez-en à votre médecin : le sommeil est primordial à ce stade et votre organisme puise dans toutes vos réserves d'énergie pour votre enfant. C'est sa priorité, bienvenue dans le sacrifice maternel ! (Un jour ce sera votre enfant qui changera vos couches, ne vous inquiétez pas).

T'AS EU LA TOXO ?

Depuis que vous êtes enceinte, on vous parle d'infections, de microbes et maladies qui font froncer le nez : **toxoplasmose, rubéole, cholestase gravidique, cytomégalovirus**.

Heureusement, en France nous sommes très zélés pour le dépistage de ces maladies. Dans l'attente de vos résultats, soyez très vigilante sur l'hygiène de vos mains et de vos aliments. Évitez si possible les endroits bondés (surtout en période hivernale, propice à la grippe et autres méchants microbes).

Clope sociale

Pour les fumeuses, la grossesse ressemble au BootCamp de l'extrême. Les tabacologues les accompagnent et leurs résultats sont très efficaces. Si ce ne sont que les « clopes de soirée » qui vous manquent, soyez rusée. N'accompagnez pas les fumeurs dehors, trouver quelque chose à mâchouiller (ou coupez des carottes de la longueur d'une cigarette pour survivre). Nous n'avons pas assez de recul sur la cigarette électronique pour la proposer en substitution.

SA08 semaine

06

2e MOIS

Semaine du ______ *au* ______

Mon poids : ______ kg

Mes rendez-vous :

Quelles sont les questions sur le bébé que je n'ose pas taper sur Internet ?

Quelles sont mes angoisses ?

Cette semaine, je me suis sentie…

ma TO-DO LIST

mes QUESTIONS

Vous êtes une louve !

Telle une super-héroïne, tous vos sens se sont décuplés depuis que ce minuscule grain de riz mesurant entre 17 et 22 mm loge en vous. Votre odorat détecte le danger, votre corps entier est en alerte, écoutez-le ! Personne ne vous demande de devenir une de ces femmes *New Age* qui boivent leur urine et dansent sous la lune pour avoir des beaux cheveux.

Pour établir une connexion avec Mister Grain de Riz, fermez les yeux au moment de vous coucher, respirez lentement, posez vos mains sur votre ventre et écoutez. Si vous avez trop honte de lui parler à voix haute, ou si vous pensez qu'une chanson peut le rendre sourd (en gros, aucun des jurés de *The Voice* ne tournerait son siège pour vous), contentez-vous de vous concentrer.

C'est le meilleur moyen de vous apaiser. C'est le meilleur moyen d'oublier le stress. C'est le meilleur moyen d'arrêter de penser à cette quatrième part de pizza froide dans le frigo que vous engloutiriez bien, ni vu, ni connu, à trois heures du mat'. C'est le meilleur moyen de devenir une maman.

INSOMNIAQUE ?

Plusieurs facteurs nuisent à votre sommeil : l'augmentation du taux de progestérone qui entraîne les changements dans les cycles, les seins douloureux, les nausées, le besoin d'uriner. Il faut apprendre à dormir avec de nouveaux rituels : aller aux toilettes avant, éviter de vider une bouteille d'eau à ce moment-là, dormir sur le côté, aérer votre chambre tous les jours, ne pas regarder d'écran dans les 20 minutes qui précèdent le coucher et manger léger le soir. Les insomnies à répétition provoquent des accouchements prématurés, alors n'hésitez pas à en parler à votre meilleur ami (votre médecin), il vous aidera à la moindre faiblesse !

« La bohèèème, ça voulait diiire on-est-heu-reux »

Vous étiez deux, insouciants, dans un studio bruyant rempli de copains et de bazar. La question du déménagement doit se poser maintenant, si, si : on sousestime TOUJOURS la place que prend un bébé, même s'il ne pèse que 4 kg, dans une maison ! Entre l'équipement, les vêtements, les produits et ces lessives qu'on étend constamment, vivre dans peu d'espace a un impact sur les nerfs et sur le couple.

2e MOIS

Semaine du ______________ *au* ______________

Mon poids : ______________ kg

Mes rendez-vous :

J'ai craqué, et je lui ai acheté des trucs :

Qui est au courant ?
Quelles ont été les réactions les plus drôles/émouvantes ?

Cette semaine, je me suis sentie…

ma TO-DO LIST

mes QUESTIONS

Flippé, le papa ?

Votre partenaire est sûrement heureux d'être parent, ou flippé ou peut-être même pas assez investi à votre goût. Sachez que pour celui qui ne porte pas l'enfant, une grossesse est aussi concrète qu'un tableau de Kandinsky. Vous, vous avez de la chance de réaliser (haha !) : les hormones, les nausées, les désagréments, le fait qu'en huit semaines vous vous êtes fait tripoter par plus de médecins qu'au cours de ces trois dernières années, tout cela rend le concept de l'enfant plus réel. Alors soyez patiente, aidez votre conjoint(e) à se faire à l'idée, racontez-lui tout ce qu'il se passe de nouveau pour vous.

Pour préserver le couple, pensez aussi rapidement à vous mettre d'accord sur des points lointains mais essentiels. Quel genre de parents souhaitez-vous être ? Qu'est-ce qui est rédhibitoire pour vous ? Qui va se lever la nuit ? Comment allez-vous vous répartir les tâches ? Que pense-t-il/elle de l'allaitement ?

Le meilleur moyen est d'en parler ; vous pouvez aussi amener subtilement le sujet sur la table en regardant des classiques du genre : *Allô maman, ici bébé Juno*, *9 mois*... On évitera *Un heureux événement*, rapport à la dépression immédiate que provoque ce film chez la femme enceinte.

no STRESS

Le stress et la grossesse sont aussi amis que Brenda et Kelly dans la Saison 3 de *Beverly Hills* (pour celles qui sont jeunes : hyper mal. Kelly a quand même couché avec Dylan, le mec de Brenda, pendant qu'elle était à Paris : NOT COOL). Plus sérieusement, le stress favorise les troubles dépressifs, les problèmes cardiovasculaires, les troubles de la mémoire. Pour chasser le stress, il faut : dormir correctement, bien manger, se reposer dès qu'on peut, parler à son médecin de ses angoisses mais aussi faire du sport et, surtout, se faire masser. Vous avez une excuse en OR pour vous faire payer un soin qui coûte un bras dans un institut pour évacuer toutes les mauvaises toxines.

La première écho, c'est pour bientôt !

N'en attendez pas trop, elle durera dix minutes, mais vous apportera de précieuses informations : le nombre de bébés dans votre ventre (huit, youpi !), sa date de conception (enfin, à deux jours près) et si globalement il se porte bien. Si vous ne l'avez jamais entendu, vous allez découvrir les battements de cœur de votre enfant, et ça, c'est vraiment un joli son.

SA10 semaine

08

2e MOIS

Semaine du ____________________ *au* ____________________

Mon poids : ____________________ kg

Mes rendez-vous :

Quelles sont les réactions que je peux imputer directement aux hormones ?

Quel surnom donnez-vous au fœtus sous votre nombril ?

Pronostics Mois 2 :

- ◯ Fille ◯ Garçon
- ◯ Chevelu ◯ Chauve
- ◯ Géant ◯ Crevette
- ◯ Pépère ◯ Hyperactif

ma TO-DO LIST

mes QUESTIONS

INTERLUDE #2

Neuf mois de petits tracas

Certaines femmes traversent la grossesse comme on passerait d'une rive à l'autre, confortablement installées dans la barque du bonheur, flottant sur une mer d'huile. Pour d'autres, ça ressemble plutôt au *Radeau de la Méduse* : mèches grasses, orage, grandes vagues et mal de mer.

L'acné

L'acné de grossesse concerne une femme sur deux et c'est super chiant. D'autant que la plupart des traitements dermatologiques efficaces sont interdits aux femmes enceintes. Sachez que les gélules de zinc s'avèrent extrêmement efficientes. Investissez dans des produits dermatologiques, éloignez-vous des masques et autres gommages qui irritent la peau et ne percez pas vos boutons ! JAMAIS **!** (N'avez-vous rien appris de l'adolescence ?)

Les cheveux

Certaines se retrouvent avec une crinière de lionne quand d'autres ont le droit à une coupe de hyène. C'est comme la vie : injuste. Il faut éviter les fers et les sèche-cheveux. Vous ne craignez rien en faisant des masques et vous pouvez même vous colorer les cheveux avec des produits naturels (demandez conseil à votre coiffeur). N'oubliez pas qu'enceinte, vous pouvez vous octroyer toutes les folies capillaires !

Sang

Entre mauvaise circulation et rétention d'eau, il se peut que vos vaisseaux sanguins ne tiennent pas le coup et pètent. Vous pouvez le constater autour de la bouche, dans vos yeux. Buvez de l'eau, plus que d'habitude, au moins deux litres par jour. Investissez dans des bas de contention, même l'été. C'est primordial, surtout si vous devez prendre l'avion. Enfin, tous les moyens sont bons pour favoriser la circulation, surtout la piscine !

Dents

Si le fait de perdre une dent pendant une grossesse n'est que pure légende, il est vrai qu'il faut accroître les soins dentaires. Les vomissements attaquent l'émail, le calcium est sollicité, les gencives sont fragilisées, bref tout est fait pour que vous attrapiez tous les microbes et caries qui existent. Privilégiez le deuxième trimestre pour aller chez le dentiste (après les nausées et avant de ne pas réussir à vous relever de son siège).

Frustration

Vous allez connaître ce mot PAR CŒUR tant la grossesse la favorise. Vous n'êtes plus le centre de votre vie, votre enfant est la priorité et si cette idée vous réchauffe le cœur, force est de constater que vous répétez de plus en plus : « J'ai pas le droit, je peux pas. »

Alcool

si vous aimez les cocktails, sachez que vous pouvez demander dans n'importe quel bar la version *virgin* (sans alcool) de votre boisson préférée. C'est l'occasion de tester de nouveau cocktails et rien n'est plus frustrant qu'un verre de jus d'orange acide en soirée. Si vous aimez le vin, les jus de raisin bio sans sucre ajouté, s'ils n'ont pas le même goût, s'en rapprochent. Servez-vous dans un verre à pied, pour tromper votre esprit.

Sociabilité

Enceinte, à 21 heures il n'y a plus de son, plus d'image. Votre partenaire sort désormais sans vous, et votre sentiment de tourner vieille fille se fait de plus en plus présent. Multipliez les déjeuners et goûters avec vos amis. Invitez-les chez vous, pour l'apéro... vous profiterez de la fête et pourrez vous éclipser au premier signe de fatigue.

Constipations, aigreurs, nausées

Le système digestif dans sa globalité est mis à rude épreuve. Pourvu que vous ayez changé vos habitudes alimentaires, que le bébé soit plutôt gros, ou que vous soyez sujette aux nausées, chaque repas est un calvaire. Il existe en pharmacie des produits miracles pour les aigreurs (prenez-les à avaler plutôt qu'à croquer parce que c'est toujours dégoûtant). Pour le reste, si vous n'avez jamais testé, découvrez l'acuponcture. Cette médecine asiatique, si elle peut vous faire arrêter de fumer en trois séances, peut aussi redémarrer votre système digestif.

3e MOIS *du* .... *au* ....

	jour de semaine			
semaine 9 / SA11	jour / mois	.../...	.../...	.../...
semaine 10 / SA12	.../...	.../...	.../...	.../...
semaine 11 / SA13	.../...	.../...	.../...	.../...
semaine 12 / SA14	.../...	.../...	.../...	.../...
semaine 13 / SA15	.../...	.../...	.../...	.../...

année

.../...	.../...	.../...
.../...	.../...	.../...
.../...	.../...	.../...
.../...	.../...	.../...

mes **NOTES**

L'annonce

Tu bois plus ? Tu fumes plus ? Tu manges pas de charcut' ? T'as l'air crevée... Ça ne se voit peut-être pas encore, mais il est très compliqué de cacher sa grossesse à ses proches : rares sont celles qui, à SA11, ne l'ont pas dit à leur meilleur ami et à leur famille. Un heureux événement, on a bien sûr envie de le partager ! Mais parfois, on a peur, surtout quand on a une vie sociale active, ou qu'aucun de nos amis n'a encore sauté le pas. Peur d'être traitée différemment, peur des remarques, des avis, des conseils. Jusque-là c'était un secret d'amoureux, mais bientôt, ce sera officiel. C'est peut-être pour le/la conjoint(e) que cela va être le plus agréable : il/elle pourra partager son enthousiasme, ses craintes, ses questions avec une autre personne que vous ou le médecin. Faites la liste des personnes à prévenir, essayez de ne pas faire de jaloux en lançant des annonces groupées. Si vous aimez les surprises, c'est le moment de se creuser la tête à deux, le web dégouline d'exemples de couples géniaux, parfois un peu complexants.

LE POINT *légal*

Une femme enceinte ne peut faire l'objet d'aucune discrimination liée à sa grossesse. Sauf faute grave ou pour des raisons économiques justifiées, vous ne pouvez pas être renvoyée, en revanche vous pouvez demander une mutation temporaire à un poste moins pénible. Prévenez votre employeur suffisamment tôt pour caler vos congés maternité mais rien légalement ne vous y oblige.

Keep calm... but laugh!

De nombreuses études prouvent que le fœtus est capable d'attention, de mémoire. Il manifeste aussi des émotions, mais il ne faut pas confondre « manifester » et « ressentir ». Aussi, s'il est important de garder son calme, de se détendre quand on est stressée, ne devenez pas un zombie de l'émotion, une femme en cire qui n'ose aucun mouvement d'humeur. Ne devenez pas Margaret Thatcher, soyez vivante, riez, pleurez, chantez comme d'habitude.

SA11 semaine

09

3e MOIS

Semaine du .... *au* ....

Mon poids : .... kg

Mes rendez-vous :

Quels sont les faits marquants de ce début de grossesse ?

Comment se porte mon/ma partenaire ? Niveau couvade ?

Cette semaine, je me suis sentie…

ma TO-DO LIST

mes QUESTIONS

Too much!

Ça y est : déjà dix semaines que vous êtes enceinte, et dix semaines que votre vie tourne littéralement autour de votre nombril. Entre les rendez-vous médicaux, les discussions de couple, les annonces officielles, les guides de grossesse, les forums, vous vivez, mangez, respirez « bébé ».

Si cette situation vous gonfle prodigieusement, ça ne fait pas de vous une future mauvaise mère, ni une femme égoïste. L'homme est un être pluriel, qui a besoin de multiplier les expériences, les connaissances, les activités et depuis quelques semaines, vous faites du surplace. Quand ce n'est pas votre corps qui vous met des bâtons dans les roues (ou des doigts dans la bouche), ce sont les copines qui ne vous parlent que de ça. Ne subissez plus, agissez : imposez à votre entourage un « 24-heures-sans-parler-de-grossesse-d'allaitement-et-d'épisiotomie ». Octroyez-vous une séance de ciné seule, un café en terrasse, un livre… comme avant. Reconnectez-vous avec celle que vous êtes au fond et ne l'oubliez pas. Plus votre grossesse vous ressemblera, plus votre baby-blues sera infime.

VIP

Demandez à la CAF votre carte nationale de priorité de la famille. Elle vous permettra d'être prioritaire dans les services publics, mais aussi aux bureaux et guichets des administrations et services publics. Ce n'est pas une faveur que l'on fait aux femmes enceintes que de leur épargner les queues, et la station debout prolongée. C'est une question de santé. Vous êtes une VIP de la ville !

Pour avoir les jambes de Gwyneth Paltrow même enceinte

L'idée de faire du sport vous enthousiasme (et celle de récupérer votre corps tout de suite après, bien évidemment). Vous avez peur ou ne savez pas quoi faire ? Le yoga prénatal est idéal, il permet un renforcement musculaire en douceur tout en apprenant la respiration et la médiation (utiles le jour de l'accouchement).

SA12 semaine

10

3e MOIS

Semaine du ________ *au* ________

Mon poids : ________ kg

Mes rendez-vous :

Ai-je de nouvelles manies ou obsession (camembert, Ryan Gosling, la propreté ?) :

Mes premières envies de prénom :

Cette semaine, je me suis sentie...

ma TO-DO LIST

mes QUESTIONS

Bad mood

Tout vous sourit et vous devriez être aux anges (en plus vous venez d'apprendre qu'au huitième mois vous allez toucher une prime de naissance). Mais ce matin, vous avez envie de pleurer : vous avez essayé tous vos pantalons et plus aucun ne ferme. Et ce n'est même pas à cause de merveilleuses tartiflettes entre amis, de pizzas ou d'éclairs au chocolat... Non ! Difficile de dire au revoir à ses vêtements, alors pour ne pas déprimer, triez votre penderie.

À mettre de côté : jupe ceinturée, pantalon slim, robe serrée. À garder : legging, tee-shirt, pull *oversize*, robe stretch moulante.

Investissez plutôt dans les accessoires comme les sacs à main, les chaussures, les chapeaux (ou lunettes de soleil), vous pourrez les remettre dans quelques mois. Pour vos tenues, rien de tel que des basiques : un body près du corps, un collant de grossesse (qui ne serre pas), une jupe boule, un sweat tout doux pour l'hiver ou un débardeur un peu rock pour l'été et des *sneakers*. Bim ! Maman *fashion*, sans se ruiner.

ZEN

Maintenir une activité physique pendant la grossesse, c'est bon pour le moral, le cœur, la digestion, le bébé et vos fesses. Malheureusement vous ne pouvez pas courir, faire de vélo, de tennis, de boxe (bref, tous les trucs cool). Mais astreignez-vous à bouger ! Marchez au moins une demi-heure par jour. L'été, la piscine est votre meilleur ami ; l'hiver, faites du yoga. Le sport permet aussi au périnée de se muscler, et ça, c'est des séances postaccouchement en moins.

Infection urinaire

10 % des femmes enceintes en ont une à un moment de leur grossesse, c'est pourquoi il vaut mieux prévenir que guérir.

Et pour ça, l'ingrédient secret, c'est l'eau, des litres et des litres d'eau !

Votre bébé utilise votre sang pour s'hydrater, ce qui explique que votre urine soit plus irritante, et crée un inconfort, voire une infection.

Vous devez donc beaucoup vous abreuver car vous en avez tous les deux besoin !

SA13 semaine

11

3e MOIS

Semaine du ______________ *au* ______________

Mon poids : ______________ kg

Mes rendez-vous :

Voir mon bébé lors de la première écho, c'était...

J'avoue, j'ai rien compris aux formes que je voyais !

Cette semaine, je me suis sentie...

ma TO-DO LIST

mes QUESTIONS

Alors, ça bouge ?

Alors que toutes les femmes enceintes du forum que vous fréquentez en cachette ont senti le bébé bouger (elles confondent sûrement avec des gaz), chez vous, rien à signaler. C'est assez frustrant, mais rassurez-vous, c'est complètement normal, surtout si c'est votre première grossesse. Pour sentir votre bébé, vous devez vous concentrer et attendre les moments de grand calme ; certaines sentent comme des petites bulles, d'autres des petits frôlements comme des caresses. Ne soyez pas trop pressée, bientôt vous pesterez contre ses coups de pied dans la vessie ou les côtes !

Sentir le bébé bouger est une expérience merveilleuse pour beaucoup de femmes. C'est aussi une source d'angoisse : il bouge trop, pas assez, ou plus du tout. Un fœtus est comme vous, en plus flemmard : ses phases de repos sont immenses (des dizaines d'heures), ce qui laisse peu de temps pour la java de Broadway. Il se peut qu'il bouge comme un fou alors que vous êtes dans les bras de Morphée, mais il est encore bien trop petit pour vous réveiller… patience, ça arrivera et ça sera formidable ! Pour les primipares, il faudra encore attendre au moins quatre semaines.

Pied DE GRUE

Qu'il bouge ou pas, **il est déjà temps de penser à la crèche**, si c'est le mode de garde que vous avez choisi pour votre bébé (dès ses deux mois et demi, à la fin de votre congé maternité légal). La première chose à faire, c'est d'appeler votre mairie (même si vous allez déménager par la suite) pour qu'elle vous explique les démarches d'inscription sur Internet, sur place ou directement en crèche selon leurs modalités. Vous devrez confirmer l'inscription après l'accouchement en fournissant le certificat de naissance. Même si vous ne trouvez pas de place, n'oubliez pas d'appeler régulièrement la mairie pour que votre dossier repasse en commission. N'hésitez pas à montrer votre motivation en vous rendant sur place aussi.

Grossesse tardive ?

À partir de 38 ans, être enceinte requiert un suivi d'autant plus rigoureux, et ce même s'il ne s'agit pas de votre premier enfant.

En effet, vous êtes plus sujette à l'hypertension artérielle et aux maladies rénales entre autres, deux troubles qui peuvent mettre en péril le bon développement de l'enfant.

Parlez-en avec votre obstétricien.

SA14 semaine

12

3e MOIS

Semaine du .... *au* ....

Mon poids : .... kg

Mes rendez-vous :

Premières envies de déco : rose, bleu, noir, métal ?

Quelle est la principale qualité du futur papa/de la future maman ?

Cette semaine, je me suis sentie...

ma TO-DO LIST

mes QUESTIONS

Un cap à passer

Il faut trois bons mois au corps pour accepter cette révolution. Après il se met en pilote automatique, pour la majorité d'entre vous. Vous avez fait un tiers, et quel tiers ! Votre « enfant » a désormais un cœur vaillant, des bras, des pieds, des yeux… Il commence même à entendre ce qu'il se passe autour de vous. Première échographie, premières annonces, premier mouvement, le premier trimestre c'est celui de toutes les découvertes et c'est pour cela qu'il est chargé d'émotions particulières et qu'il passe plus vite que les autres. Vous avez de la chance, demain vous entamerez le deuxième, qui est un peu le Disneyland de la gestation. Vous ne serez pas encore trop handicapée par votre ventre mais vous retrouverez votre énergie ! Finies les siestes toutes les cinq minutes, finies la plupart des nausées, finies les cachotteries, vous serez bientôt comme Beyoncé dans tous ses clips : la reine !

S.O.S. !

Pour vous éviter de perdre votre temps (et d'encombrer les urgences), voici la liste des symptômes qui doivent vous faire immédiatement consulter (les autres peuvent simplement faire l'objet d'un appel, ou d'une note pour le prochain rendez-vous):

* **Brûlure en urinant** (peut être une infection)
* **Démangeaison** (peut être un problème de foie)
* **Arrêt des mouvements du bébé** même après deux heures allongée au calme
* **Douleurs** au ventre ou crampes
* **Écoulement** très liquide (peut être une fissure de la poche des eaux)
* **Jambes gonflées** et très douloureuses (vérification de caillot)
* **Migraine** qui ne se calme pas
* **Vomissement** soudain au trimestre 2 ou 3
* **Œdème**
* **Saignements**
* **Malaises** à répétition

De l'abricot à la pastèque

Tout au long de votre grossesse, votre utérus s'allonge. C'est pour cela qu'à chaque examen, la sage-femme vérifie ce qu'on appelle la hauteur utérine. Vous-même pouvez le palper à travers votre pubis, et votre ventre. À ce stade l'utérus a une hauteur de 17 cm (une belle banane quoi), il arrive jusqu'à votre nombril. En fin de parcours il fera 34 centimètres. 34. TRENTE-QUATRE ! (Pardon, mais la nature, c'est fou quand même !)

SA15 semaine

13

3e MOIS

Semaine du .... *au* ....

Mon poids : .... kg

Mes rendez-vous :

Quel est mon meilleur souvenir de ces trois derniers mois (concernant la grossesse) ?

Quel est mon meilleur souvenir de ces trois derniers mois (qui n'a rien à voir avec la grossesse) ?

Ai-je hâte d'avoir un plus gros ventre ?

ma TO-DO LIST

mes QUESTIONS

INTERLUDE #3

Premières questions existentielles

On se pose tous et toutes des questions pendant ces neuf mois, mais on ne sait pas toujours comment y répondre. Qu'elles soient légitimes, essentielles ou complètement superficielles, elles vous trottent dans la tête. Voici les questions les plus communes qui vous tiennent parfois éveillées. Vous ne trouverez pas ici de réponses, mais au moins des pistes !

Avons-nous envie de connaître le sexe ?

Les futurs parents ont souvent le sentiment que pour se projeter dans l'avenir d'une famille, c'est plus simple de connaître le sexe du futur bébé. Comme si la vie était différente avec une petite fille. Si on réfléchit, c'est la société et les rôles dans lesquelles elle nous enferme qui nous font penser comme ça. Vous pourrez faire les boutiques et vous déguiser avec votre petit garçon, et jouer au foot ou faire des courses de voitures avec votre petite fille. Le sexe n'a finalement que peu d'importance.

Toutefois, rares sont ceux et celles qui n'ont aucune préférence quant au sexe de leur futur enfant. Peut-être même désirent-ils une fille ou un garçon depuis qu'ils sont petits. Peut-être serez-vous déçu(e), mais vous vous ferez rapidement à la nouvelle. Si vous avez de grandes attentes, n'attendez pas le jour de l'accouchement pour connaître le sexe. Si vous vous en moquez, pourquoi ne pas garder cette surprise pour le jour J, ou au moins la faire à vos proches ?

J'ai une furieuse envie de sushi, si j'en mange, suis-je une mauvaise mère ?

Les sushis sont déconseillés, pas à cause du riz (bien sûr) mais pour se prémunir de la listériose. Si cette consigne est donnée en France, aux États-Unis et au Québec, il n'en est pas de même au Royaume-Uni par exemple. Pour l'ordre des médecins là-bas, le sushi est sans danger pour la femme enceinte ! La différence ? Les règles strictes d'hygiène qui font que tous les poissons sont congelés en Angleterre, ce qui limite les risques de contamination.

Donc si vous achetez un poisson chez un poissonnier de confiance (pas le lundi, il n'y a pas de pêche le dimanche), que vous demandiez un morceau de la chambre froide, que vous le consommiez dans les 48 heures, les risques sont minimes. Si vous avez peur : rabattez-vous sur les sushis végétariens.

Mon/ma partenaire sera-t-il/elle vraiment un bon parent ?

On projette nos propres angoisses sur l'autre et alors que tout allait bien, vous vous demandez soudainement si votre conjoint fera finalement l'affaire. Sachez une chose : on ne naît pas parent, on le devient, c'est la bonne volonté et la bienveillance qui font les bons parents, pas les connaissances prétendument innées. Et puis, bien que changer une couche, faire preuve d'autorité et donner un biberon, ça peut paraître au tout début terrifiant, si des milliards de personnes l'ont fait avant vous, alors ça ira !

J'ai la flemme de lui lire du Kant et de lui faire écouter du Mozart, à la place j'écoute Kendji Girac et je lis la presse à scandales : va-t-il devenir délinquant ?

De très sérieuses études prouvent que l'écoute de musique classique *in utero* favorise la logique et stimule intellectuellement, mais vous savez ce qui est aussi prouvé ? Qu'un bébé se développe mieux dans le ventre d'une mère épanouie et détendue. Qu'importent les lectures, la musique, les programmes ! il faut que vous puissiez prendre votre pied pour envoyer de l'énergie positive au bébé. Si votre truc, c'est les comédies romantiques et le rock alternatif, alors kiffez et dites-vous que la mère de Mozart n'a pas écouté du Mozart pendant sa grossesse, et qu'il est quand même devenu Mozart.

J'achète des trucs hyper chers pour la naissance alors que je sais que ça va durer trois semaines... Où est mon cerveau ?

Sauf si vous avez les moyens, il est certain que crever son budget pour des chaussures de naissance alors que, vraisemblablement, l'enfant ne marchera JAMAIS avec et changera de pointure dans les deux semaines, ne prouve pas votre finesse stratégique financière. Mais c'est une façon pour vous d'accueillir votre enfant et lui prouver que vous souhaitez le mieux pour lui. Freinez votre shopping ou promettez de revendre la plupart de ces trésors sur Leboncoin, ou épousez David Beckham (qui a une baignoire plaquée or, UNE BAIGNOIRE PLAQUÉE OR !!!).

mon
2e TRIMESTRE

Bienvenue dans le trimestre aux mille émotions !

Puisque le physique va beaucoup mieux et que tous les maux se sont à peu près calmés (oui, il y a quelques surprises), c'est à vos émotions de faire des leurs.

Le deuxième trimestre est chargé de bouleversements liés aux hormones qui ne cessent de s'accroître. Mais c'est aussi LE trimestre où l'on vous trouve « resplendissante ». Vous n'êtes pas encore au bout du rouleau, vous ne marchez pas encore les jambes écartées, et en plus vous pouvez encore lacer vos chaussures seule ! Bravo !

4e MOIS *du* ______ *au* ______

	jour de semaine			
semaine 14 / SA16	jour / mois	.../...	.../...	.../...
semaine 15 / SA17	.../...	.../...	.../...	.../...
semaine 16 / SA18	.../...	.../...	.../...	.../...
semaine 17 / SA19	.../...	.../...	.../...	.../...

année ....

.../...	.../...	.../...
.../...	.../...	.../...
.../...	.../...	.../...
.../...	.../...	.../...

mes **NOTES**

Renaissance

La concentration et le sommeil sont revenus, vous avez moins de nausées et moins de problèmes pour vous alimenter. C'est un très grand bonheur que de pouvoir regarder de la nourriture sans devenir blanche, puis verte, puis bleue, de ne plus se laver les dents six fois par jour, ou de relever la tête fièrement de la cuvette des toilettes, et de rompre définitivement avec elle. Pour celles qui n'avaient pas de nausées, rien ne changera de ce côté-là, veinardes !

Vous allez mieux, votre appétit revient et vous allez prendre du poids, plus qu'au premier trimestre (en moyenne on prend 3 à 4 kg le premier trimestre et en fin de grossesse on affiche un joyeux +14 ! Faites le calcul !).

Sinon, niveau moral, vous avez changé du tout au tout. C'est drôle de voir comme d'une semaine sur l'autre on peut se métamorphoser quand on est enceinte, se lamenter sur tout ce qui ne va pas pour finir par crier à qui veut l'entendre que l'on est née pour porter la vie. Ne vous inquiétez pas trop de ces sautes d'humeur, toutes les femmes enceintes les traversent et tout revient à la normale à l'accouchement. Encore un coup des hormones !

DO AND DON'T

Enceinte, il faut éviter de consommer des produits avec du paraben ou des phtalates qui sont de grands perturbateurs endocriniens, il faut aussi privilégier les cosmétiques bio, certifiés par le label AB France. Il faut aussi supprimer les produits parfumés qui peuvent tacher la peau.

Préférez également les produits sans savon, non détergents. Hydratez-vous matin et soir, et ne sortez jamais au soleil sans écran total.

Urgent !

C'est le dernier moment pour envoyer à la CAF et à la CPAM votre déclaration de grossesse.

C'est indispensable si vous voulez être remboursée de tous vos frais et recevoir votre prime à la naissance.

SA16 semaine

14

4e MOIS

Semaine du ______________ *au* ______________

Mon poids : ______________ kg

Mes rendez-vous :

Est-ce que j'ai un gros ventre ?

Qu'est-ce qui a changé dans mes habitudes ces derniers jours ?

Cette semaine, je me suis sentie...

ma TO-DO LIST

mes QUESTIONS

Cocoonez votre couple !

Il est temps de prendre le large pour un week-end romantique, avec du sexe débridé, des promenades et des petits plats dévorés avec les mains. Il est temps de se regarder dans le blanc des yeux, de se dire à quel point on s'aime, comme on est heureux d'être ensemble, de s'être choisi et de construire cet avenir bientôt à trois et pourquoi pas, quatre ou cinq (trop tôt pour parler du deuxième peut-être).

Si vous n'avez pas les moyens de partir en vacances, ça n'a aucune importance, puisque ce qui compte c'est de se bloquer un week-end à deux. On coupe les téléphones, la télé, la radio. On élit domicile dans le salon, avec à manger, à boire, à lire, à boire, le tout à portée de mains : et on profite ! 48 heures hors du temps, un week-end complet en amoureux pour solidifier les liens et profiter. Vous l'apprendrez bientôt, quand on est parent, le temps devient une denrée rare.

2ÈME PHOTO *de bébé*

Il est arrivé : **le deuxième examen prénatal** obligatoire ! Tension, poids, battements de cœur du bébé, tout est vérifié et analysé lors de l'examen général et gynécologique. La plupart des médecins prescrivent un test de marqueurs sériques (pour dépister la trisomie 21). Essayez d'être deux à cet examen-là, pour pouvoir poser toutes les questions qui vous chatouillent.

Si votre poids est trop important, vous serez dirigée vers un nutritionniste qui vous aidera à calmer votre appétit sans que ça n'influe trop sur votre moral.

Buvez !

L'eau est primordiale pour le développement de votre bébé dont elle représente, 90 % du poids à 6 mois de grossesse ! Vous devez boire au minimum 1,5 l d'eau par jour (2 l est idéal). Celle du robinet est sans danger, mais si vous habitez une région où les nitrates sont trop présents dans l'eau, préférez l'eau en bouteille. Évitez l'eau gazeuse (souvent trop salée) et l'eau aromatisée (trop sucrée). Ayez toujours une bouteille sur vous, comme les stars qui vont faire leur yoga.

SA17 semaine

15

4e MOIS

Semaine du .... *au* ....

Mon poids : .... kg

Mes rendez-vous :

Mes états d'âme...

Les achats bien mignons que j'ai faits !

Cette semaine, je me suis sentie...

ma TO-DO LIST

mes QUESTIONS

Suis-je encore une femme ?

C'est la question que vous vous posez en tentant de vous remémorer la dernière fois qu'on vous a jeté une œillade incendiaire, qu'on vous a proposé un verre, fait des avances… Depuis que vous êtes enceinte, vous êtes une « femme qui porte la vie ». Ne plus être un objet de désir passe encore, mais au boulot on commence à vous traiter comme une handicapée, c'est à peine si on vous demande votre avis. Votre condition tend à prendre le pas sur la personne que vous êtes, et avant tout, la femme. Il est temps d'élever la voix quand on vous met de côté au bureau, de mettre un décolleté, d'enduire vos lèvres de rouge, pas pour les autres mais pour vous. Vous n'êtes pas qu'une femme enceinte, vous êtes une femme belle, moderne, indépendante, sexy et canon, même !

ASTUCES *antimaux de dos*

Ils sont très courants chez les femmes enceintes. Les plus classiques sont la sciatique et le lumbago, en bas du dos, au niveau des reins qui irradient autour du sacrum. Il existe de nombreux tutos de gym douce pour détendre et muscler votre dos. Sachez que les mauvaises postures peuvent aggraver votre douleur, donc :

- quand vous devez vous baisser, faites travailler vos cuisses et gardez le dos bien droit. Sinon demandez aux autres.
- de façon générale, évitez de vous baisser et appuyez-vous contre un support pour vous chausser par exemple.
- si vous êtes obligée de porter des choses, répartissez les poids entre votre droite et votre gauche.
- au réveil, allongez-vous sur le côté, relevez d'abord votre buste avant d'amener vos pieds à terre.
- Étirez-vous ! Pensez aux ceintures de maintien et consultez un ostéopathe pour un contrôle de routine.

Bébé, es-tu là ?

L'haptonomie permet de créer des liens entre les parents et le bébé in utero par le toucher, mais aussi la voix.

La pratique connaît un grand succès depuis quelques années, c'est une méthode moderne de préparation à l'accouchement, qui permet au conjoint de créer lui aussi du lien. Après quelques séances, le bébé reconnaît et peut même « jouer » avec ses parents en se déplaçant au son et au toucher.

SA18 semaine

16

4e MOIS

Semaine du ______________ *au* ______________

Mon poids : ______________ kg

Mes rendez-vous :

À quoi ressemblent mes journées en ce moment ?

Comment ai-je réagi en apprenant le sexe du bébé ?

Cette semaine, je me suis sentie…

ma TO-DO LIST

mes QUESTIONS

Levez le pied !

C'est beaucoup 17 semaines de grossesse quand on y pense, et chaque jour, sans relâche, votre corps fait son maximum pour subvenir aux besoins de votre bébé, le protéger et faire en sorte que tout soit bien en place pour sa sortie. Quand on travaille, il faut commencer à se ménager. Mais entre les femmes enceintes et le monde du travail, ce n'est pas le grand amour. La grossesse reste l'un des arguments sexistes justifiant la différence de salaire entre un homme et une femme (30 % de moins !), sous prétexte que l'on quitte le navire trois mois pour mettre bas. Les entreprises devraient comprendre que si une mère est épanouie professionnellement, elle donne son maximum !

Quoi qu'il en soit, la loi est avec vous. Terminées les heures supplémentaires et les réunions qui s'éternisent... Il en va de votre santé et de celle de votre enfant. Et puis, comme on le disait, vous êtes payée 30 % de moins qu'un homme à compétences et diplômes égaux, alors il faut bien que vous trouviez des compensations !

DOUBLES ANGOISSES ?

Peut-être attendez-vous des jumeaux ou des triplés, c'est pour cela que toutes les questions et les angoisses d'une femme enceinte sont multipliées par deux (trois) chez vous. C'est pour une de ces raisons que les grossesses multiples sont particulièrement surveillées. L'hypertension artérielle et les risques d'accouchements prématurés sont plus grands. Il y a cependant de nombreux points positifs à en attendre plusieurs : à la maternité ce sera vous la star, plus tard vos enfants joueront ensemble et donc vous n'aurez pas à jouer des heures aux cubes, à la course ou à la poupée. Et on vous dira souvent : « Alors le petit deux... non rien. »

Marchez !

Vos jambes vont être de plus en plus fatiguées et pourtant, sauf contre-indication du médecin, vous devez continuer à marcher ! Pour les soulager, terminez la douche par un jet d'eau froide sur elles, surélevez vos pieds pour dormir (en empilant dans une taie d'oreiller des vêtements que vous ne pouvez plus mettre). Et enfin, sachez que les bas de contention sont les meilleurs amis des jambes lourdes et qu'ils sont bien plus mignons qu'il y a 10 ans !

SA19 semaine

17

4e MOIS

Semaine du ______ *au* ______

Mon poids : ______ kg

Mes rendez-vous :

Physiquement, comment je me trouve ?

À ce stade, le prénom est-il choisi ?

Comment ça va avec le parent 2 ?

ma TO-DO LIST

mes QUESTIONS

INTERLUDE #4

Préparation à l'accouchement

L'accouchement ça fait peur, et pas seulement à celles qui sont concernées, mais aussi au partenaire. Même si on accouche depuis la nuit des temps, et que la médecine a tellement évolué qu'on ne sent parfois plus grand-chose, accoucher continue de terroriser les femmes. La faute aux légendes urbaines : « Faire passer une pastèque dans un rond de serviette. » (Rappel, l'expulsion n'est possible que quand vous êtes dilatée à 10 et que votre col effacé… il y a donc la place pour une petite tête.) La faute aussi aux films qui montrent des femmes hurler à la mort en accouchant.

Faut-il se préparer à l'accouchement ?

Rien n'est OBLIGATOIRE. Vous pouvez vous préparer comme vous l'entendez (lire ce livre, c'est déjà en quelque sorte une préparation). Prenez tout de même quelques minutes pour lire un déroulé classique d'accouchement (les différentes phases), mais aussi les scenarii possibles (césarienne d'urgence, souffrance fœtale, etc.).

Regardez des vidéos sur la respiration car bien « pousser » facilite le travail et permet de ne pas s'épuiser pour rien.

La préparation à l'accouchement n'aide pas seulement la mère, mais aussi les équipes médicales autour d'elle : être bien préparée, c'est toujours moins de travail pour les sages-femmes, auxiliaires et médecins. Cela permet aussi de savoir quand venir à l'hôpital sans devoir attendre des heures.

Enfin la préparation permet de réduire le stress lié à l'accouchement.

Dans l'ouvrage *J'aime pas être enceinte*, on peut lire l'interview d'une sage-femme à Paris sur le sujet :

Chaque future maman peut bénéficier de 8 séances de préparation à l'accouchement entièrement remboursées par la sécurité sociale dès lors qu'elles sont prodiguées par des médecins ou une sage-femme. Toutes les méthodes ne sont pas forcément remboursées, alors renseignez-vous avant auprès de votre caisse d'assurance maladie. Elles sont particulièrement recommandées aux primipares pour les aider à gérer le stress et les angoisses de l'inconnu. Elles pourront poser des questions, recevront des conseils pratiques (position, astuce, geste) mais aussi théoriques. Mon petit conseil est d'éviter les cours où il y a trop de monde. Pour cela, choisissez des séances en dehors des heures de pointe : fin de matinée et fin d'après-midi.

L'haptonomie

Un point hapto, comme on dit, a déjà été fait (voir « Bébé, es-tu là ? » en SA18), mais il faut insister sur le côté « affectif » de cette préparation. C'est aussi celle qui intègre le plus le/la compagnon(e).

Le yoga prénatal

Cette méthode permet avant tout la relaxation et la respiration, les postures sont adaptées à votre condition mais permettent quand même le renforcement musculaire et le travail de la souplesse. Le yoga permet d'éviter la panique qui s'empare parfois de nous au moment fatidique.

La sophrologie prénatale

Lors des cours collectifs, dispensés par une sage-femme sophrologue, vous apprendrez à respirer en maîtrisant votre souffle, à vous relaxer et à relâcher toutes les tensions. Elle vous proposera de visualiser des images positives, des images « refuges » pour les moments de grande nervosité. Le but est d'atteindre un état de demi-sommeil.

La préparation en piscine

Si vous voulez allier sport et préparation, les cours collectifs en piscine sont idéaux pour vous ! L'eau soulage (le poids, la circulation, le dos). Vous travaillerez le souffle, et libérerez vos tensions. En revanche vous ressortirez épuisée, sachez-le.

Le chant prénatal

Cette préparation à la naissance permet à la future maman d'entrer en contact avec son bébé par le biais du chant. Relaxant et apaisant pour la femme enceinte, le chant prénatal est aussi très bénéfique pour le bébé qui ressent les sonorités et peut même se pratiquer à plusieurs. L'intérêt, c'est de chanter ensemble. Les sons graves ont des propriétés relaxantes, ne l'oubliez pas le jour de l'accouchement.

La préparation à domicile

Si vous n'avez pas envie de « cours collectifs », si vous n'avez pas trop le temps, ou encore que vous aimeiz les services à domicile, sachez que ce n'est pas un luxe ! Il vous suffit de trouver une sage-femme libérale et vous aurez droit à vos huit séances de préparation. Idéale pour les parents qui ont besoin d'intimité ou qui ont peu de temps.

5e MOIS *du* .... *au* ....

	jour de semaine			
semaine 18 / SA20	jour / mois	.../...	.../...	.../...
semaine 19 / SA21	.../...	.../...	.../...	.../...
semaine 20 / SA22	.../...	.../...	.../...	.../...
semaine 21 / SA 23	.../...	.../...	.../...	.../...
semaine 22 / SA 24	.../...	.../...	.../...	.../...

année ______________________

.../...	.../...	.../...
.../...	.../...	.../...
.../...	.../...	.../...
.../...	.../...	.../...

mes **NOTES**

Passe-droit

Être enceinte, ça veut dire avoir l'utérus de la taille d'un sandwich, mais aussi être une privilégiée. Votre statut vous ouvre des portes insoupçonnées et vous devez en tirer parti ! De nombreuses âmes charitables vont vous proposer leurs chaises, d'aller faire des courses à votre place, de vous remplacer : **dites oui**, vous avez le droit. Cette vergeture qui ne partira jamais, ces cheveux plats et ces petites incontinences : c'est cher payé, alors vous avez bien le droit d'être remboursée d'une quelconque façon. Servez-vous de vos passe-droits !

La prochaine fois, sans vergogne, doublez tout le monde au Monop', parce qu'eux, dans quatre mois, ils seront en terrasse en train de rire pendant que vous... bon bah, ce ne sera pas forcément la fête du slip. Pour la RATP, par exemple, vous êtes la 4e personne la plus importante de la rame de métro. Avant vous, il y a les mutilés de guerre, les aveugles et les invalides. Sachez que les personnes de plus de 79 ans n'arrivent qu'en 9e position, donc si vous sentez que vous avez VRAIMENT besoin de vous asseoir, faites-le savoir.

Prenez DES VACANCES !

Le deuxième trimestre est le meilleur moment pour partir. Au troisième, vous pourrez prendre la poudre d'escampette, mais cela sera nettement moins confortable ; et pendant le dernier mois, il ne faudra pas trop vous éloigner de chez vous.

Prendre le train : dès le quatrième mois, il n'y a aucun risque pour vous.

L'avion : selon les compagnies, au dernier trimestre (ou si vous avez un assez gros ventre), il faudra un certificat prouvant que l'accouchement n'est pas imminent; mais à 5 mois, prendre l'avion n'est pas un problème (pensez aux bas de contention !)

La voiture : évitez les trajets trop longs (pas plus de 200/300 km) et gros ventre ou pas, c'est ceinture obligatoire.

Épinglez !

Pinterest est un site américain de partage d'images. Il est très simple d'utilisation et est devenu un réseau social puissant.

Créez-vous un compte et « pinez » (collectionnez) les photos qui vous inspirent pour la décoration de la chambre, de la maison, les recettes et les bons plans. Partager vos « boards» (albums) avec votre conjoint(e) pour être sûre que vous êtes sur la même longueur d'onde, et piquez à moindre prix les astuces des « mom » américaines.

SA20 semaine

18

5e MOIS

Semaine du ______ *au* ______

Mon poids : ______ kg

Mes rendez-vous :

Les questions que je dois poser à ma mère

Les questions que je dois poser à ma meilleure amie

Cette semaine, je me suis sentie…

ma TO-DO LIST

mes QUESTIONS

Fille ou garçon ?

Ça y est, vous connaissez le sexe, vous avez poussé un « oh » de surprise, pris votre chéri(e) dans les bras, demandé à nouveau... puis insisté sur l'exactitude de cette information car à l'intérieur de votre cœur, vous êtes un peu (TRÈS TRÈS TRÈS) déçue. C'est difficile d'en parler, d'exprimer à voix haute qu'on aurait préféré un sexe plutôt qu'un autre. Parfois, ce n'est même pas une question de préférence, on était simplement persuadée d'être enceinte d'une fille et on s'est trompée.

A contrario, c'est aussi l'autre parent qui peut être déçu(e) et qui masque très mal son état. Sachez que ce n'est pas grave, et que bientôt vous oublierez complètement que ce bébé devait être une fille ou un garçon. En revanche, il est important d'extérioriser sa déception avant la naissance pour éviter que plus tard, en thérapie, votre gosse vous sorte : « Mes parents voulaient un garçon, du coup, rien qu'en étant moi, je les ai déçus. » Souvenez-vous, en 2015, le genre n'est plus une identité en soi. Fille ou garçon, qu'importe, pourvu que le bébé soit en bonne santé.

DEUXIÈME *écho* !

Autant la première échographie est courte et fugace comme une étoile filante, autant la seconde, qu'on appelle échographie morphologique est longue. Certains pères s'endorment même (anecdote véridique !)... mais cela ne les empêche pas d'être de très bons pères ! Vous allez donc connaître le sexe (ou on va vous le confirmer), s'ensuivra une série de mesures parfois inconfortables pour vous. Cette écho est assez émouvante puisque votre enfant aura enfin la forme d'un bébé (et pas d'une poire).

Yoga chez soi

Selon la forme de votre ventre, votre poids et votre condition physique, certaines positions vous soulageront. Assise en lotus (ou en tailleur), allongée en position fœtale ou sur le dos, bras et jambes écartés... Testez toutes les positions, celle où vous vous sentirez la plus légère sera la bonne, celle à adopter à la moindre occasion, dès que vous avez 5 minutes !

SA21 semaine

19

5e MOIS

Semaine du .... *au* ....

Mon poids : .... kg

Mes rendez-vous :

Liste des pires conseils que l'on m'a donnés

Qu'est-ce qui me manque de ma vie d'avant (sans bébé dans le ventre) ?

Cette semaine, je me suis sentie…

ma TO-DO LIST

mes QUESTIONS

Libido vs grossesse

Vous n'avez plus envie de vomir, vous avez de l'énergie, le moral est en hausse et soudain, elle frappe à votre porte, vêtue comme une fille de mauvaise vie du XVIIIe siècle : votre libido. Elle n'est pas timide, elle n'est pas douce, elle est sauvage, c'est simple, on dirait Tina Turner à qui on aurait interdit la laque pendant deux mois : à cran.

Vous avez envie de sexe, à en oublier votre ventre. D'ailleurs vous n'êtes pas obligée d'y penser ; le problème, c'est que votre partenaire sexuel ne peut faire autrement. Oui, nue, ou même en sous-vêtements, vous ne ressemblez plus à celle que vous étiez il y a quelque mois. La sexualité pendant la grossesse, si elle n'est pas taboue, est un sujet délicat. Soit l'un des deux est bloqué par cet enfant en quelque sorte présent, soit ce sont les hormones qui tuent tout le désir. Encore une fois, le mieux est d'en parler. Si vous n'avez pas envie, il faut que vous vous assuriez que votre conjoint(e) ne se sente pas rejeté(e) en lui expliquant vos sentiments. Si c'est lui/elle qui est gêné(e) par votre apparence physique, il faut « travailler dessus », tenter de faire oublier la grossesse et rallumer le désir en rappelant la femme que vous êtes.

ÉPARGNEZ *votre dos !*

Les talons aiguilles sont à chasser de notre penderie, et ça, dès le début de la grossesse. C'est vrai, vous pourriez être du côté Kim Kardashian ou Christina Aguilera qui n'ont soi-disant pas quitté leurs talons, même pour accoucher.

Pendant ces neuf mois, les ligaments qui supportent le bas du dos s'assouplissent et s'étirent, ce qui les rend plus fins et fragiles. Les hauts talons sollicitent précisément ces ligaments-là. De plus, votre ventre modifie notre centre de gravité, et donc votre équilibre. Donc abandonner ses talons, ce n'est pas abandonner qui l'on est mais... se montrer responsable.

Sexy mommy

Enceinte, il faut, pour se sentir jolie, miser sur vos atouts. Si vous êtes dans le camp de celles qui ont une belle peau et de beaux cheveux, profitez-en.

Si c'est la première fois que vous avez des seins : profitez-en ! Achetez-vous de la lingerie de pin-up, ça fait toujours plaisir. Bref, n'enterrez pas le « sexy » : vous êtes enceinte, vous ne venez pas d'épouser Jésus.

SA22 semaine

20

5e MOIS

Semaine du .... *au* ....

Mon poids : .... kg

Mes rendez-vous :

Qu'est-ce qui me met en joie en ce moment ?

Qu'est-ce qui m'énerve plus que tout en ce moment ?

Cette semaine, je me suis sentie...

ma TO-DO LIST

mes QUESTIONS

Single mommy

Il y a des futures mères seules. Celles qui sont célibataires, mais celles aussi dont le/la conjoint(e) est absent(e) (géographiquement) ou même plutôt désintéressé(e). Une grossesse est un moment bouleversant, et pour ces femmes, dont vous faites peut-être partie, c'est encore plus compliqué. Soyons pragmatiques ! Décidez rapidement qui, dans votre entourage, sera votre binôme pour vivre cette formidable aventure. Qui sera à vos côtés pendant l'accouchement ? Qui sera « la personne à prévenir en cas d'urgence » ? Demandez de l'aide !

Si les mères célibataires sont normalement particulièrement épaulées par les services hospitaliers, les forums peuvent créer du lien là où il n'y en a pas, car lorsque l'on vit la même situation, on se sent instinctivement solidaire.

Si vous trouvez que votre conjoint(e) ne s'implique pas assez : investissez-le/la de missions précises qui pourraient lui plaire (recherche de la poussette idéale, de l'équipement que vous n'avez pas encore et qui sera indispensable, etc.). Souvent ils/elles ne s'impliquent pas parce que tout le monde leur parle de vous et pas de leur rôle à lui/elle.

FORUMS

Internet regorge de forums et sites dédiés à la maternité. Il y en a pour tous les goûts : vous pouvez vous réunir par âges (les forums pour les mamans ados et celle de plus de 40 ans sont très fréquentés), par confessions, par orientations sexuelles. Doctissimo est l'un des plus connus, mais vous pouvez aussi découvrir celui de l'émission des *Maternelles*, ou même celui du magazine féminin *Madmoizelle*.

Feel good!

Essayez d'abreuver votre quotidien de positif : faites-vous des playlists de musiques qui vous mettent en joie, dans lesquelles vous vous réfugiez quand vous êtes complètement déprimée.

Idem pour les films ou les livres. Rendez-vous sur les sites Senscritique ou Allociné sur lesquels des listes « happy » ont été créées pour vous remonter le moral.

SA23 semaine

21

5e MOIS

Semaine du .... *au* ....

Mon poids : .... kg

Mes rendez-vous :

Je ne pensais pas que…

C'était comment,
ce 4e examen prénatal ?

Cette semaine, je me suis sentie…

ma TO-DO LIST

mes QUESTIONS

Petite baisse de jus ?

Vous êtes une fêtarde, un animal social, et dans les bars où vous avez vos habitudes, on vous appelle par votre prénom. Enfin, ça, c'était avant d'être enceinte, car depuis quelques semaines, vous sortez autant qu'un ermite, vous limitez vos déplacements et n'avez aucune force pour les restaurants et autres activités que vous chérissiez avant. Êtes-vous en train de devenir une mère chiante pour qui « la fête est finie : maintenant je suis une adulte » ?

Rassurez-vous, ce n'est qu'une phase, la grossesse occupe beaucoup votre esprit et est parfois épuisante. Si cela vous contrarie, alors forcez-vous un peu ! Appelez vos copains et parlez-leur de vos peurs, ils seront les premiers à vous bouger de force. Vous pouvez aussi passer des heures à débriefer avec eux des soirées que vous avez loupées, c'est un moyen d'en faire un peu partie. Pour vous remonter le moral, repérez les gros événements annoncés après la naissance de l'enfant, vous pouvez vous (déjà) prévoir une grande sortie pour fêter la fin de la grossesse, tout de même un mois après le jour J, histoire de ne pas marcher comme un cow-boy.

BAPTÊMES

Vous n'êtes pas croyants, mais avez quand même envie de désigner parmi vos proches un parrain et/ou une marraine civile, rendez-vous à votre mairie, les démarches sont très simples.

Attention, l'engagement des parrains et marraines n'est que moral. Si vous souhaitez qu'ils prennent en charge votre enfant en cas de souci, il faut signer un document chez le notaire, sinon, votre enfant sera envoyé chez le parent le plus proche (d'un point de vue généalogique).

Diversifiez votre alimentation !

S'il y a autant d'interdictions pendant la grossesse, c'est que vous transmettez tout à votre enfant, même les bactéries, malgré le tri du placenta. La bonne nouvelle, c'est que vous pouvez aussi lui donner le goût des bonnes choses. Au 4e mois il connaît déjà le sucré (qu'il préfère), le salé, l'amer et l'acide. Si vous diversifiez votre alimentation maintenant, votre enfant aura beaucoup moins de mal à manger de tout plus tard.

SA24 semaine

22

5e MOIS

Semaine du ______________ *au* ______________

Mon poids : ______________ kg

Mes rendez-vous :

J'ai fait plus de la moitié, c'est passé vite ?

Physiquement, quand je me regarde, je me trouve...

À ce stade, qui j'aimerais voir s'occuper de mon enfant s'il arrivait quelque chose ?

ma TO-DO LIST

mes QUESTIONS

INTERLUDE #5

Questions taboues

Aaaaah ouiiii ! C'est bien joli les guides de grossesse, les copines complices, les maris à l'écoute… Mais a-t-on vraiment envie de partager avec eux nos pensées les moins politiquement correctes ? Plutôt que de vivre dans ses angoisses, il faut les affronter pour les chasser.

Vais-je aimer mon enfant autant que j'aime mon/ma chéri(e) ?

Question compliquée. Il a fallu du courage à Adriana Karembeu pour admettre qu'elle ne savait pas si elle pourrait un jour partager son amour pour Christian Karembeu avec un enfant (depuis ils ont divorcé, hein !).

L'une des raisons qui nous donnent envie d'avoir un enfant, c'est l'amour qui nous lie à notre conjoint, mais vous le verrez, il n'a rien à voir avec l'amour que vous porterez à votre enfant. La hiérarchie « mère/enfant » nourrira vos sentiments de protection/attachement filial, d'amour inconditionnel. Comme on ne peut pas « quitter » un enfant, l'amour qu'on lui porte est très différent de celui pour un(e) partenaire.

Ai-je fait une connerie ? Je suis pas prête, bordel !

Responsabilité d'une vie, contraintes financières, temps qui manque, sacrifices… La liste des aspects contraignants est longue. Il faut une part d'insouciance (inconscience ?) pour faire un enfant, c'est comme le mariage, ça n'est joli que parce que l'on souhaite y croire, envers et contre tout ce que les statistiques en disent, et que « nous » ça va marcher. C'est normal, sain, de ne pas se sentir prêt tous les jours, et parole de maman, on n'est jamais prêt à ce qui nous attend. C'est pour cela que cette aventure est si cool, vous allez grandir avec votre enfant et ça sera parfois chiant, mais parfois merveilleux, promis ! Et enfin, n'oubliez pas que douter : c'est le propre d'un bon parent !

Je ne suis pas sûre d'être une fille très maternelle (j'arrive même à tuer mes cactus)…

Vous savez, cette fille qui aime les bébés, qui a su changer une couche dès ses 14 ans, et qui dès qu'un bébé est dans ses bras, se calme. Cette fille qui illustre pour vous parfaitement l'« instinct maternel ». Cette fille est une exception et sera bientôt en voie d'extinction parce qu'on essaie de faire de la parité homme femme une réalité, et qu'il sera bientôt tout aussi normal pour les deux sexes de ne pas savoir porter un enfant ou changer une couche. Sachez que si le dit « instinct maternel » ne fait pas l'unanimité chez les scientifiques, personne n'a encore réussi à prouver qu'il est bien réel. Alors comme tout le monde, vous apprendrez !

Est-ce que je vais voir s'il est moche ou pas ?

Va savoir ce qu'ils mettent dans l'eau à la maternité, mais la plupart des femmes trouvent leurs enfants beaux à la naissance. On les entend pourtant s'exclamer, quelques mois plus tard : « Quelle horreur ! » Les nouveau-nés sont vraiment bizarres (surtout quand ils sont arrivés par voie basse), entre croûtes de lait, acné et rougeurs. Et les jours suivants, ce n'est pas mieux ! Mais droguée par les hormones, il y a des grandes chances que vous le trouviez splendide.

Que ressent mon enfant quand j'ai un orgasme ?

Les rapports sexuels ne gênent pas le fœtus et il n'est pas incommodé par le coït de votre partenaire, même si son prénom est Rocco. En revanche, il faut savoir que l'orgasme est très clairement ressenti par l'enfant, une information un peu déstabilisante. Tout de suite après, il fait un véritable tourbillon dans votre ventre. Moins il aura de place, plus il vous donnera des coups de pied post-coïtaux. C'est parce qu'il est ivre d'ocytocine, l'hormone du plaisir, comme vous d'ailleurs.

Je rêve d'accoucher par césarienne, suis-je une mauvaise mère ?

La tradition voudrait qu'accoucher par césarienne ne soit pas vraiment accoucher puisque l'on n'expulse pas l'enfant en souffrant. Il est plus naturel pour un enfant de passer par le vagin que d'être extirpé d'un ventre par les doigts habiles d'un médecin, mais vous vous en moquez, puisque la tradition croit aussi que la césarienne ne fait pas mal (haha !).

Il n'y a pas d'accouchement idéal, mais c'est vrai que rares sont celles qui ont envie de souffrir. Victoria Beckham, qui a demandé à quatre reprises des césariennes, a d'ailleurs eu le droit au délicieux sobriquet « Too Posh to push ». De Britney Spears à Gwyneth Paltrow en passant par Claudia Schiffer... c'est comme si la peur de la souffrance se résolvait avec la césarienne. Pourtant, l'opération n'est pas sans risque, les complications sont possibles comme dans tout acte chirurgical, la remise en forme est plus longue, on ne voit pas son bébé tout de suite, on reste plus longtemps à l'hôpital, pour cicatriser... Et on n'est pas exemptée de rééducation périnéale !

6e MOIS *du* .... *au* ....

	jour de semaine			
semaine 23 / SA25	jour / mois	.../...	.../...	.../...
semaine 24 / SA26	.../...	.../...	.../...	.../...
semaine 25 / SA27	.../...	.../...	.../...	.../...
semaine 26 / SA28	.../...	.../...	.../...	.../...

année ______________

.../...	.../...	.../...
.../...	.../...	.../...
.../...	.../...	.../...
.../...	.../...	.../...

mes **NOTES**

Coloc'

Aujourd'hui, mieux que quiconque, vous savez ce qu'il se passe dans votre ventre, vous connaissez cet enfant mieux que tous les médecins. Forcément, vous passez votre vie avec. Quand on y réfléchit, la grossesse a quelque chose d'incroyable : on naît seule, on meurt seule, mais entre-temps, quand on est une femme qui peut et veut procréer, on a la possibilité de mettre son corps en colocation pendant 9 mois. De ce partage de l'espace vital, vous ne retiendrez pas que les désagréments : « Coucou là-dedans, est-ce que tu peux retirer ton pied de mon estomac, rapport à mes aigreurs ? Bisous ! » Vous vous rappellerez les mouvements, ce sentiment de plénitude et de proximité incroyable. Votre enfant, lui, connaîtra toutes vos intonations de voix (mieux que vous), votre rythme cardiaque, votre odeur... C'est là que les premiers liens naissent. Alors écoutez-vous, écoutez-le, et si vous sentez que quelque chose ne va pas n'attendez pas l'avis de quiconque pour rendre une visite à votre médecin (sauf si vous êtes du genre paranoïaque).

SACHEZ TOUT *sur le périnée*

On l'appelle aussi plancher pelvien, c'est lui qui soutient le vagin, la vessie et le rectum. La grossesse à tendance à distendre le périnée, donc si vous ne voulez pas avoir des fuites urinaires à 40 ans, vous devez en prendre soin dès que possible. Faites tous les jours des exercices en serrant vos sphincters par exemple, ou en vous entraînant au « stop-pipi » : contractez votre périnée comme pour retenir une envie de faire pipi en expirant longuement par la bouche, puis relâchez-le en inspirant par la bouche. Réitérez l'opération plusieurs fois dans la journée. La bible en la matière, c'est *Périnée, arrêtons le massacre* de Bernadette de Gasquet (à consulter de toute urgence pour bien protéger votre périnée pendant la grossesse et l'accouchement).

Allez-vous manger votre placenta ?

Le placenta est accroché à l'utérus et est le lieu des échanges entre le fœtus et la mère. C'est au cinquième mois qu'il est totalement formé. C'est là, grâce au cordon, que le fœtus filtre certaines bactéries, puise les nutriments et l'oxygène transportés dans le sang de la mère. Si les stars américaines aiment vanter les vertus nutritives du placenta, aucune étude scientifique sérieuse à ce jour ne permet de le confirmer. Mangez des pommes, pas l'organe qui était accroché à votre utérus depuis neuf mois !

SA25 semaine

23

6e MOIS

Semaine du ______________ *au* ______________

Mon poids : ______________ kg

Mes rendez-vous :

Quelles bonnes résolutions d'ici la fin de la grossesse ?

Les réflexions drôles faites par votre conjoint(e)

Cette semaine, je me suis sentie…

ma TO-DO LIST

mes QUESTIONS

Y a du monde au balcon

Vous avez une poitrine INCROYABLE. Peut-être que depuis le collège, vous avez les attributs d'une diva italienne, dans ce cas cela ne vous change pas beaucoup. Mais pour toutes celles qui n'ont jamais eu trop de poitrine, qui en ont rêvé, vous remplissez de beaux bonnets C, D et plus si affinités.

Le problème de ces seins-là, c'est qu'ils sont :

– Provisoires : ce sont les hormones qui stimulent les glandes mammaires pour les préparer au rôle de leur vie, fabriquer du lait.

– Douloureux : hypersensibles à cause de la peau tendue, il faut les masser délicatement (ce que votre partenaire trouve très sexy mais qui pour vous est une torture).

– Pas si beaux : peaux fines qui laissent apparaître les veines, vergetures ou aréoles immenses. Si de l'extérieur, votre décolleté est canon, une fois le soutien-gorge balancé au travers de la pièce, vous n'êtes pas d'accord. Beaux seins... beaux seins... Pfff !

ALLAITEMENT OU BIBERON, *c'est VOTRE choix*

Écoutez votre cœur et ne vous forcez à rien. Les laits maternisés disposent de toutes les qualités nutritionnelles nécessaires et reproduisent les principaux avantages du lait maternel. Si vous choisissez de donner le biberon, prévoyez juste un complément de vitamine D et de fluor.

Plus contraignant que le biberon, l'allaitement a toutefois le mérite d'être 100 % naturel et le lait que vous « produisez » s'adapte aux besoins du bébé qui grandit. Pour éviter d'exclure l'autre parent du moment privilégié qu'est le repas du bébé, tirez votre lait.

Bon à savoir : si vous choisissez l'allaitement, vous pourrez revenir sur cette décision et passer au biberon en cours de route, même après trois semaines ; si vous commencez par le biberon, il sera plus compliqué de faire machine arrière.

Pour prendre soin de vos seins

Face aux changements qui s'effectuent au-dessus de la ceinture, il faut s'y prendre dès maintenant, voire avant, pour limiter la casse ! Premièrement, ça peut être agaçant, mais portez toujours un soutien-gorge. Ensuite, forcez-vous à faire pénétrer une crème anti-vergeture matin et soir, ça permettra à votre peau de rester hydratée : elle est tirée à l'extrême de façon rapide et a besoin d'un peu d'aide ! Et pour finir, on va muscler tout ça : empoignez vos seins, et pressez vos paumes l'une vers l'autre par séries de 50.

SA26 semaine

24

6e MOIS

Semaine du ______ *au* ______

Mon poids : ______ kg

Mes rendez-vous :

Qu'est-ce que j'écoute en boucle cette semaine... ?

Mes lectures et films du moment ?

Cette semaine, je me suis sentie...

ma TO-DO LIST

mes QUESTIONS

Pause bien-être

Vous êtes enceinte mais la vie autour de vous continue : les factures, le stress du boulot, les transports en commun, les chamailleries avec les amis, le quotidien avec votre amoureux-se... il est temps de vous mettre sur « pause » ! Octroyez-vous du temps en prévoyant un soir dans la semaine où vous vous donnez rendez-vous chez vous, quitte à mettre votre partenaire dehors pour quelques heures. Coupez-vous des réseaux sociaux, de la télé et mettez de la musique. Faites-vous couler un bain chaud pour vous relaxer (ne sous-estimez pas le pouvoir du bain !). Vous pouvez même pousser le vice jusqu'à allumer des bougies et boire du jus de raisin dans un verre à pied (quitte à faire un truc d'héroïne glamour, autant jouer le jeu à fond).

Une fois dans ce bain moussant, respirez calmement, touchez votre ventre, envoyez des bonnes ondes à votre bébé, en pensant « positif ». Vous pouvez même lui raconter votre journée, ce qui vous tracasse ou ce que vous ferez une fois qu'il sera né. Enchaînez avec un repas de réconfort, quelque chose que vous aimez plus que tout mais que vous ne vous autorisez plus trop. Ce soir, c'est fête, c'est l'heure de regarder *Dirty Dancing* ou *La Boum* (ou *Mad Max* si c'est votre truc). Tout ira mieux ensuite et vous dormirez comme un bébé (qui fait ses nuits).

Câlin AU COUSSIN

Le coussin d'allaitement est peut-être l'achat le plus utile pendant la grossesse. Vous l'aimerez tellement que vous finirez par lui donner un nom ! Ce long boudin est un partenaire pour dormir (calé entre les jambes pour soulager votre dos) ; pour s'asseoir. Il remplacera aussi les coussins inconfortables de la clinique, et vous aidera à nourrir votre enfant (au sein ou au biberon). Dommage qu'on ne puisse pas l'épouser...

Injustice

On ne se le dit pas assez mais les vergetures sont provoquées, certes par une prise de poids soudaine, mais surtout parce que la peau n'est pas assez élastique. Et ce qui rend la peau élastique c'est l'hydratation.

Il faut boire énormément, et s'astreindre à se crémer matin et soir. Choisissez une huile bio et n'oubliez pas le haut du pubis qui peut lui aussi subir des craquements. Pensez aussi aux hanches et au dos, ainsi qu'aux bras. Partout où vous pouvez grossir et où la peau est très sollicitée.

SA27 semaine
25

6e MOIS

Semaine du .... *au* ....

Mon poids : .... kg

Mes rendez-vous :

Quels trucs j'aime bien chez les enfants des autres ?

Et ceux que je n'aime pas du tout ?

Cette semaine, je me suis sentie...

ma TO-DO LIST

mes QUESTIONS

Prête ?

Six mois déjà que vous êtes enceinte, il ne reste plus qu'un tiers du chemin à faire… et dire que votre ventre va prendre encore de l'ampleur, dire que dans quelques semaines vous rencontrerez le fruit de vos entrailles (quelle expression glamour !). Soudain, en lisant ces mots, votre cœur s'accélère. C'est vrai ça, c'est dans pas longtemps, et qu'est-ce que j'ai concrètement fait, à part acheter deux trois tenues mignonnes et emprunter le maxi-cosy d'une copine ? RIEN. Vous vous dites peut-être que vous êtes une mère catastrophique, que si votre organisation et votre prévoyance valent vos talents de mère, alors mieux vaut tout de suite confier ce pauvre gosse à l'adoption !

Rassurez-vous pourtant, vous avez eu raison de ne rien faire car les mois qui arrivent sont les plus redoutables pour les premières de la classe qui ont déjà leur valise pour la maternité dans le couloir. Il vous reste trois mois, et ce sont les plus longs, car plus l'échéance approche, plus elle semble s'éloigner, alors félicitez-vous d'être une procrastinatrice née ! Vous pourrez ainsi vous occuper, et vous allez voir, quand on ne bosse pas alors que tout le monde est occupé… le temps passe lentement.

S.O.S. *nounou*

Vous vous êtes déjà inscrite à la crèche, si ce mode de garde vous intéresse. Il en existe différentes formes, n'hésitez pas à faire le tour des micro-crèches, crèches municipales, privées, parentales ou d'entreprise. Rien ne garantit toutefois que vous obteniez une place, il faut donc penser aux autres solutions : une nounou à partager avec une autre famille, une assistante maternelle… Rendez-vous sur le site de Pajemploi qui, en plus d'être très complet, est la source d'information la plus fiable (c'est un service de l'URSSAF). Quand vous calculerez le coût, n'oubliez pas le dégrèvement d'impôts ainsi que les aides de la CAF qui peuvent changer la donne.

Votre sommeil et vous

Avec tous les changements dans votre corps, et votre ventre qui prend plus de place, il est important de trouver de nouvelles positions pour dormir. Car si vous aviez plutôt tendance à somnoler au début, ce sont désormais les insomnies qui perturbent vos nuits.

Pas d'inquiétude, voici THE position : vous vous allongerez sur le ventre après avoir préalablement placé un oreiller au niveau de votre tête, du bas du ventre (parallèle à vos fesses en somme) et un dernier au niveau de vos pieds (pour faciliter votre circulation sanguine).

SA28 semaine

26

6e MOIS

Semaine du ______ *au* ______

Mon poids : ______ kg

Mes rendez-vous :

Là, tout de suite, est-ce que je me trouve belle et pourquoi ?

Est-ce que mon bébé réagit particulièrement à des sons ou des événements ?

Cette semaine, je me suis sentie…

ma TO-DO LIST

mes QUESTIONS

INTERLUDE #6

Équipement

Voici une petite liste des achats essentiels (et il ne s'agit que d'équipement, pas de courses, du lait, etc. Pour c'est dépenses-là, rendez-vous au prochain Interlude #6 « Money Money Money »). Repérez dans la liste ce qu'on peut vous prêter (on vous doit bien un ou deux services, non ?) et ce que vous tenez vraiment à acheter vous-même. Sauf budget illimité, les cadeaux et les prêts seront les bienvenus !

Pour la maternité

Pensez à adapter les matières à la saison (coton et maille fins pour l'été, laine et polaire pour l'hiver), en partant du principe que c'est parce qu'ils sont fragiles qu'on couvre les bébés toujours un peu plus que nous.

* **7 bodies manches** qui s'attachent de préférence devant (surtout pas entre les jambes, pour ne pas le brusquer en le changeant).
* **5/6 brassières**.
* **4/5 paires de chaussettes** (Ou des chaussons, mais ils sont plus faciles à perdre)
* **10 pyjamas** (aussi appelés dort-bien, et comme pour les bodies, simples à enfiler).
* **2 bonnets**.
* **2 ensembles complets :** pantalon + cardigan (il y aura sa première tenue de naissance dedans).
* **Un nid d'ange** (choisissez un deux-en-un : à la fois duvet et combinaison).
* **Une petite couverture** pour emmailloter votre petit (et cacher sur les photos le linge moche de l'hôpital).

Pour se déplacer

Vous allez bientôt comprendre pourquoi, être parent c'est être chargé.

* **Un porte-bébé** ou une écharpe pour se déplacer avec l'enfant les mains libres.
* **Un siège auto** groupe 0 ou 0 plus ou moins adapté à la morphologie des plus petits mais comme vous devrez en changer dans les mois à venir, pensez à vous le faire prêter si c'est possible.
* **Un sac** avec de nombreux rangements pour compartimenter tout le bazar qu'on se trimballe avec un nouveau-né (couches, lait, produits, eau minérale, change, langes, etc.).

- **Une poussette** (les trois-en-un sont TRÈS pratiques puisqu'elles ont : une nacelle, un siège auto et une poussette pour plus tard).
- **Un lit d'appoint pliant**, et puisque c'est « d'appoint », prenez-en un de seconde main !

Pour dormir

- **Un berceau** ou un lit à barreaux (préférez directement un lit à barreaux évolutif).
- **Un matelas** en mousse (mettez plus d'argent dans le matelas que dans le lit, pour le bien de son dos).
- **4 draps-housses** imperméables.
- **Deux gigoteuses** (les camisoles empêchent de bouger la nuit).
- **Une commode** : vous n'avez pas forcément besoin de table à langer, mais d'une bonne organisation sur cette commode.
- **Un babyphone**.
- **Une veilleuse** (parce que c'est rassurant).
- **Un transat** pour l'emmener avec vous dans le salon, la cuisine, etc.

Pour manger

- **Tire-lait**, soutien-gorge et coussinets (pour celles qui allaitent).
- **5 bavoirs** ou langes.
- **5 ou 6 grands biberons** et des tétines de rechange.
- **Une tour de doseur à lait** pour éviter de se trimballer l'immense paquet. Prévoir les doses pour la nuit afin d'être en pilote automatique.
- **Une brosse goupillon**.
- **Plusieurs packs d'eau minérale** (pas d'eau du robinet pour les nourrissons).

Pour se laver

- **Une baignoire en plastique** spécialement adaptée à bébé (ou adaptée aux petites douches).
- **Deux trois capes de bain** ou des serviettes-éponges.
- **Des gants** de toilette.
- **Une brosse** à cheveux pour bébé.
- **Un thermomètre** de bain.

mon
3e TRIMESTRE

Ça y est, c'est le dernier trimestre, il n'y en a pas d'autres. Vous avez franchement fait le plus gros, mais le temps est à géométrie variable. Il ne reste que trois mois, mais ces trois mois-là vont vous sembler plus longs que les autres. La faute à l'impatience, la faute aux congés maternité, à votre corps qui est aussi manipulable qu'un semi-remorque effectuant une marche arrière dans une impasse sans radar de recul.

Vous allez bientôt devoir gérer l'arrivée du petit ou de la petite, apprendre à maîtriser votre impatience, guetter les signes de début de travail... et laver beaucoup, beaucoup de bodies pour que tout soit prêt le jour J.

7ᵉ MOIS *du* ______ *au* ______

	jour de semaine			
semaine 27 / SA29	jour / mois	… / …	… / …	… / …
semaine 28 / SA30	… / …	… / …	… / …	… / …
semaine 29 / SA31	… / …	… / …	… / …	… / …
semaine 30 / SA32	… / …	… / …	… / …	… / …

année ....

.../...	.../...	.../...
.../...	.../...	.../...
.../...	.../...	.../...
.../...	.../...	.../...

mes **NOTES**

Entre communication et symbiose

Il y a de nombreuses choses que l'on ne peut pas encore expliquer scientifiquement, d'autant plus que la plupart des scientifiques sont des hommes et n'ont donc que faire de nos histoires de « sensations », de télépathie et autres pensées qui flirtent avec la sorcellerie. Pourtant, de nombreuses femmes peuvent témoigner de perceptions extraordinaires qu'elles ont eues enceintes. Comme d'avoir l'impression qu'elles connaissaient déjà leur bébé avant qu'il « sorte ». Les traits de son visage, sa voix. Il se passe quelque chose d'unique entre l'enfant et la mère qui le porte. Vous connaissez son rythme, vous savez l'heure où il s'agite et de mieux en mieux comment le calmer. Vous arrivez à dessiner les esquisses de son caractère.

Les mères qui font de l'haptonomie sont même capables de communiquer de façon exceptionnelle avec leurs enfants. Racontez tout ça à votre partenaire, dites-lui qui est cet enfant qui grandit en vous, les musiques qui le font réagir, ce qui l'agite, la force qu'il vous donne ou vous prend, ne le gardez pas pour vous : ce genre de choses se partage avec la personne qu'on aime (et pas forcément sur Facebook).

Penser POSITIF !

La loi de l'attraction consiste à penser que plus on multiplie les pensées positives et les actions pour atteindre nos rêves, plus on a de chance d'y arriver. C'est un peu le principe du karma : en pensant positif, on rend sa vie positive. Alors forcez-vous tous les jours à penser à de jolies choses. Il y a suffisamment d'événements dans une vie qui nous empêchent d'en profiter, alors, ces trois prochains mois, expliquez à votre enfant comme la vie sera belle, tous ensemble. Vous verrez, vous l'aiderez à avoir un tempérament positif.

Se mettre dans l'ambiance avec bébé

La musique et les sons stimulent le développement cérébral et la mémoire durable de votre bébé in utero. Vous pouvez même ritualiser ce moment en passant tous les matins, à la même heure, votre chanson préférée, et en le faisant pendant les trois prochains mois. Vous aurez le droit, une fois qu'il sera né, à toute son attention quand il reconnaîtra cette musique. Elle pourra même l'apaiser.

SA29 semaine

27

7e MOIS

Semaine du ______ *au* ______

Mon poids : ______ kg

Mes rendez-vous :

Quelles sont mes angoisses en ce moment ?

Et la liste des angoisses du parent 2 ?

Cette semaine, je me suis sentie…

ma TO-DO LIST

mes QUESTIONS

Préparer les marmots au changement

Les multipares (celles qui n'en sont pas à leur premier accouchement) doivent non seulement faire face à la joie de la grossesse, mais en plus gérer leur(s) ainé(s). L'arrivée d'un enfant dans une famille est tout aussi bouleversante qu'on soit deux ou quatre. Aussi, il faut prendre le temps d'expliquer à l'enfant qu'il va devoir bientôt partager ce qu'il a de plus précieux (sa voiture *Cars* ou ses parents) avec un petit nouveau. Il est primordial de préparer cette rencontre. Le meilleur moyen est de responsabiliser les plus grands : « il sera fragile, tu devras le protéger » ; tout en insistant sur le fait que : « même si on doit s'occuper un peu plus de lui au début, on t'aime toujours pareil ».

Le partage est une notion qu'on ne véhicule pas dans nos gènes, aussi prenez le temps qu'il faut pour faire comprendre que ce sera peut-être la meilleure chose qui pourra arriver. Il existe de nombreux contes et dessins animés racontant l'arrivée d'un nouvel enfant dans la famille, c'est le moment de les introduire à vos enfants car ils ont plus de facilités à se projeter dans la fiction que dans les exemples abstraits (et parfois tirés par les cheveux) de leurs parents.

TÉTER OU NE PAS TÉTER ?

Telle est la question ! Personne ne vous oblige à donner le sein, mais la tétée de bienvenue permet d'offrir à votre enfant votre colostrum, concentré de protéines, vitamines et sels minéraux. Il assure les défenses naturelles du nouveau-né grâce à l'immunoglobuline qu'il contient, et lui assure une bonne mise en route de son système digestif. Mais encore une fois, si cette trop grande proximité ne vous met pas à l'aise, cette tétée n'est absolument pas obligatoire, et le bébé fera très bien sans.

Personne ne vous jettera la pierre ou ne vous forcera à écouter un album de reprises de Priscilla en russe.

Il faut vous ménager !

Vous ne ferez plus les courses, vous ne descendrez plus les poubelles, vous ne ramasserez plus rien par terre, vous ne vous pencherez pas pour récupérer le linge dans la machine, vous devez vous économiser.

Au troisième trimestre, on a tendance à s'agiter tellement on a hâte, mais vous risquez de vous retrouver alitée pour les derniers mois si votre tension monte, si le bébé est mal positionné ou si la poche des eaux se fissure.

Bref, ne prenez pas de risques et pensez « poil dans la main ».

SA30 semaine

28

7e MOIS

Semaine du .... *au* ....

Mon poids : .... kg

Mes rendez-vous :

Y a-t-il un deuxième et/ou troisième prénom envisagé ?

Le troisième trimestre pour l'instant, ça va ?

Cette semaine, je me suis sentie…

ma TO-DO LIST

mes QUESTIONS

Comment gérer la soudaine célébrité… de votre ventre

Le ventre est le centre de votre corps, de votre monde, de votre vie de couple mais comme vous l'avez peut-être déjà remarqué (où vous le remarquerez bientôt), les autres aiment BEAUCOUP faire de lui un sujet de conversation… Et dans ces derniers, il y en a une tripotée que vous ne connaissez ni d'Ève, ni d'Adam.

Le sexe du bébé : Que votre ventre soit en pointe, ou bas, il y a toujours quelqu'un qui cherchera à deviner le sexe. Ne le contrariez pas, même s'il se trompe, c'est important de savoir faire plaisir.

La grosse bosse : Les personnes âgées sont les championnes du « C'est pour bientôt, non ? » ou encore « Ouh, ça va être un gros bébé, ça ! » Remarque d'autant plus vexante quand on n'en est qu'au 7e mois. N'oubliez pas, seul votre médecin peut vous parler de la morphologie de votre futur enfant, les autres sont tous néophytes.

Touch me : Vous n'êtes pas obligé de mordre le premier qui caressera votre ventre, mais c'est important de pouvoir éduquer les gens sur l'espace vital de la femme enceinte ; vous avez le droit de montrer les griffes. Cet espace est nécessaire pour que vous n'ayez pas le sentiment de n'être qu'un vaisseau qui transporte la vie et que l'on peut palper à loisir sans autorisation.

UN ÉCHANGE *comme aucun autre*

Le cordon ombilical, ce tuyau d'environ 50 cm, permet des échanges nutritifs entre le fœtus et la mère. Il est composé de deux artères et d'une veine : les deux premières ramènent au placenta le sang veineux du fœtus alors que la seconde lui apporte le sang riche en oxygène, en nutriments, en anticorps ou encore en hormones. Ce trafic se fait par l'intermédiaire du placenta. La mère offre à son fœtus l'oxygène et les nutriments, et en retour il lui envoie le dioxyde de carbone et les déchets issus de son métabolisme. Une belle métaphore de la parentalité.

Les huiles autorisées

La majorité des huiles essentielles sont strictement interdites les trois premiers mois de la grossesse. Leur degré de dangerosité n'est pas prouvé, mais puisqu'elles passent à travers le placenta, l'ordre des médecins a préféré les interdire. Néanmoins, quelques-unes sont autorisées à partir du 4e mois, qui ne renferment aucune molécule toxique pour la mère ou l'enfant : l'huile essentielle de bergamote, de basilic, de lavande, d'eucalyptus et de gingembre.

SA31 semaine

29

7e MOIS

Semaine du ______ *au* ______

Mon poids : ______ kg

Mes rendez-vous :

Des cadeaux mignons de la part des copains ?

Quelles sont les humeurs de votre conjoint(e) ?

Cette semaine, je me suis sentie…

ma TO-DO LIST

mes QUESTIONS

Se préparer mentalement (× 2)

Il faut avouer que quand on est enceinte, on est complètement maso ! On regarde par exemple des vidéos d'accouchement alors qu'on sait que le film peut être très mauvais. Pourtant, surtout si vous êtes nullipare, il est important de vous préparer psychologiquement et cela inclut de connaître les différentes étapes de l'accouchement (voir l'Interlude #8, « L'accouchement sans tabous »). Mais les vidéos ont aussi un côté sensationnaliste, et malheureusement, on ne retient que les accouchements douloureux, qui se terminent en césarienne d'urgence et prennent plus de temps que prévu. On s'observe sous toutes les coutures : si vous n'avez pas l'habitude d'être une femme avec des formes, ce nouveau corps est d'autant plus déstabilisant pour vous car ça fait monter l'angoisse du « je vais devoir perdre beaucoup ».

Effectivement, quand on enlève le poids de votre bébé, du placenta, du liquide amniotique, et la rétention d'eau... il reste quelques kilos de « confort ». Mais si cette question vous alarme aujourd'hui, alors que vous entamez le troisième trimestre, celui où l'on prend le plus de poids, alors mangez sainement, buvez beaucoup et évitez le gras et le sucre. Vous retrouverez très vite celle que vous étiez avant !

S'ADAPTER POUR ÊTRE MOINS BALLONNÉE !

Votre système digestif est en train de ralentir et vous allez bientôt connaître des petits soucis. En effet, les aliments que vous ingérez vont rester plus longtemps dans votre estomac et vos intestins, provoquant des sensations de lourdeur. Vous pouvez blâmer votre progéniture, mais pour ne pas faire d'histoires de famille, sachez que c'est surtout la faute de votre utérus. Son volume impressionnant commence à comprimer les organes abdominaux et à réduire la capacité de l'estomac. Pour essayer de limiter la casse, vous pouvez, comme au tout début de votre grossesse, fractionner les repas. Il vaut mieux que vous mangiez en petite quantité mais en continu, qu'un plat pantagruélique en une seule fois.

La folie du web...

De nombreux mannequins ont posté récemment sur leurs réseaux sociaux des photos d'elles, enceintes de huit mois, ventre presque plat et muscles saillants. Les médecins ont crié à la folie des mommyrexiques. Pourtant Sarah Stage a donné naissance à un beau bébé en bonne santé. Pourquoi ? Parce que, quelles que soient vos envies et décisions, si vous les prenez accompagnées de professionnels de la santé, tout ira bien.

SA32 semaine

30

7e MOIS

Semaine du ______________________ *au* ______________________

Mon poids : ________________ kg

Mes rendez-vous :

____

____

____

____

____

____

Alors, vous pensez que vous allez accoucher avant ou après le terme ?

____

____

____

____

Ma To-Do List est plutôt raisonnable ou ça commence à être la folie ?

____

____

____

____

Cette semaine, je me suis sentie…

____

____

____

ma TO-DO LIST

____

____

____

____

____

____

____

____

____

____

____

mes QUESTIONS

____

____

____

____

____

____

____

INTERLUDE #7

Money Money Money

Faire un enfant, ça coûte cher... Mais cher comment? On dépense de 2 970 à 9 700 euros pour la première année d'un enfant. Sans compter le mode de garde, ni les aides, ni la défiscalisation. Ce grand écart est bien sûr le fait des différences de revenus, mais aussi du choix des marques et des produits : sur Leboncoin, il existe des poussettes en très bon état à 90 euros, et il existe aussi des poussettes à 2 000 euros.

	DÉTAILS	DÉPENSES
ALIMENTATION	Lait maternisé (900 gr)	1er âge : 65 à 100 €/mois 2e âge : 50 à 75 €/mois
	Équipement allaitement (tire-lait, protège-mamelons, compresses, crème)	1er âge : 20 €/mois 2e âge : 5 €/mois
	Équipement allaitement (soutien-gorge, vêtements, écharpe)	60 à 80 €/an
	Petits pots (3 à 4 par jour)	75 à 130 €/mois
SOINS	Couches (6/jour en moyenne)	325 à 1 080 €/an
	Couches lavables	15 à 30 €/l'unité
	Produits de toilette, lingettes, coton, crèmes, paracétamol, sérum physiologique	60 €/mois
PUÉRICULTURE	Biberons et tétines	50 €/an
	Baignoire	12 à 30 €
VÊTEMENTS	Linge (turbulettes, bavoirs, langes)	150 € et 380 €/an
	Vêtements 4 garde-robes de 0 à 1 an	750 à 1 500 €/an
MOBILIER	Lit, berceau, armoire, table à langer	1 000 €
	Poussette, transat, siège auto	600 €
	Décoration et jouets	90 à 300 €

Donc, même si la moyenne flirte avec les 3 500 euros par an, on peut rapidement grimper vers les 9 000 euros. Et quand c'est le premier enfant, on n'a pas envie de rogner sur la qualité, surtout des couches, qui peuvent réserver des surprises quand elles sont trop bon marché. Idem pour le lait : des marques comme Guigoz, Gallia, Nidal ou Modilac ont fait leurs preuves.

Comment réduire ce coût ?

* Les vêtements

Un enfant, la première année de sa vie, changera au moins quatre fois de garde-robe et passera de la taille 1 mois à 24 mois en un an parfois : MAGIQUE ! Donc profitez des cadeaux de la famille, et pour le reste, faites attention à la dépense. Des looks mignons à petits prix sont possibles grâce à la grande distribution (Kiabi, Tape à l'œil, H&M, etc.).

* Les meubles

Là encore, une table à langer et une commode ne sont pas forcément nécessaires. Il vous suffit de mettre SUR la commode un coin à langer. Concernant le lit, choisissez-le évolutif et attendez les soldes pour faire de bonnes affaires. Parfois il ne reste que des couleurs moches, mais un coup de pinceau et hop, voilà un lit personnalisé !

* Les langes

Vous en aurez TOUT LE TEMPS besoin. On se rend compte que ce carré de tissu en coton (62 x 62 cm) coûte environ 8 euros pièce vendu en lots (et il en faut au moins sept pour être tranquille). Le bon plan et donc d'acheter un joli tissu au mètre (comme pour faire les rideaux de la chambre de l'enfant) et de les faire soi-même parce que ce n'est pas compliqué du tout. C'est des carrés, hein !

* Le mobilier et les accessoires d'occasion

Transat, chaise haute, baignoire, parc, etc., sur Leboncoin vous vous en tirerez pour la moitié du prix et vous vous en débarrasserez tout aussi vite.

* Profitez des promotions

Packs d'eau, couches, lait, sérum physiologique, coton... Apprenez à stocker parce qu'il n'y a rien de pire que d'être en galère de lait un dimanche soir, Gad Elmaleh en a fait un très bon sketch d'ailleurs.

* Les jouets

Vous verrez vite qu'une bouteille d'eau vide en plastique amusera autant votre enfant (voire plus) qu'un hochet. En attendant qu'il soit en âge de comprendre : avec une spatule et un carton, c'est parti pour une batterie 100 % recyclage et qui coûte zéro euro.

* La nourriture

Investir dans un mixeur et faire ses pots soi-même, au-delà d'être très sain, est une solution économique. Vous pouvez les congeler et sans être un cordon-bleu, vous aurez le sentiment d'être une mère comme il faut. Si, si, juré !

* Revendez

Au fur et à mesure, ce que vous êtes sûre de ne pas garder. Et n'oubliez pas, chaque vendredi 13, la Française des Jeux joue au Père Noël !

8e MOIS *du* .... *au* ....

	jour de la semaine			
semaine 31 / SA33	jour / mois	.../...	.../...	.../...
semaine 32 / SA34	.../...	.../...	.../...	.../...
semaine 33 / SA35	.../...	.../...	.../...	.../...
semaine 34 / SA36	.../...	.../...	.../...	.../...

année ....

.../...	.../...	.../...
.../...	.../...	.../...
.../...	.../...	.../...
.../...	.../...	.../...

mes **NOTES**

On dévalise (encore) les librairies

Vous avez acheté plusieurs guides de grossesse (mais il est sûr qu'aucun ne vous satisfait plus que celui-ci), et même déjà prévu des albums photos pour les premiers mois du divin enfant... Mais avez-vous pensé au « Cahier de bébé » ? Bon, effectivement, vu le nom, on n'est pas hyper tenté d'en acquérir un, et pourtant, quand on s'y met vraiment, c'est un objet formidable à garder. Tous les parents s'accordent sur ce point : le temps s'écoule tellement vite au cours des premiers mois qu'avec ce cahier, vous aurez alors un refuge. Il se présente comme ceux de grossesse et permette de consigner tout ce que vous allez oublier : date de la première dent, de la première nuit, tous les premiers mots, les premiers caprices, les premiers rires.

Remplissez un cahier de bébé, et si vous en voulez un pas trop chichi-pompon, allez du côté des publications anglaises, ils sont très forts, ces Anglais. Plus tard, quand il sera adulte et que vous n'aurez pas pris une ride, votre enfant sera heureux d'emporter ce précieux agenda chez lui. Peut-être pourra-t-il comparer ses progrès avec ceux que feront ses propres enfants.

GÉRER *son relationnel*

Il y a des copains que votre grossesse met mal à l'aise, il y a des copines que votre grossesse bouleverse, elles-mêmes rêvent peut-être d'avoir un enfant. Être enceinte, c'est aussi chambouler la vie de ceux qui font partie de votre quotidien, ça provoque des discussions, des remises en question. Ne soyez pas trop dure envers ceux qui s'éloignent un peu le temps de votre gestation, nous ne sommes pas toujours au courant de ce qui se passe dans leur intimité, ni où ils en sont par rapport à la procréation.

C'est Noël avant l'heure !

La naissance d'un enfant appelle souvent aux cadeaux. C'est une façon de célébrer sa venue au monde, et d'aider les parents à gérer le flot de dépenses auquel ils font face. Les listes de naissance (proposées par toutes les boutiques de puériculture en magasin ou en ligne) rassemblent un nombre d'éléments que vous n'avez qu'à trier pour exprimer vos désirs. Faire une liste permet d'éviter de recevoir 138 doudous, 42 paires de chaussons... alors que vous aviez tant besoin d'un Babycook.

SA33 semaine

31

8e MOIS

Semaine du .... *au* ....

Mon poids : .... kg

Mes rendez-vous :

Quelle est ma taille de bonnet (oui, ça vous fera plaisir de vous en souvenir) ?

Quels sont mes petits plaisirs coupables en ce moment ?

Cette semaine, je me suis sentie…

ma TO-DO LIST

mes QUESTIONS

En avoir gros sur la patate !

À huit mois, vous avez LARGEMENT le droit de vous plaindre, on peut même vous donner dix raisons irréfutables :

- vous ne pouvez pas vous chausser, ou mettre tous vos vêtements seule ;
- les gens qui vous voient arriver en caisse lèvent les yeux au ciel ;
- vous faites pipi huit fois par nuit, ça n'a pas de sens ;
- vous êtes enceinte de partout (des cuisses, des fesses, des joues, des bras) ;
- vos jambes forment d'harmonieux poteaux ;
- votre enfant vous donne régulièrement des uppercuts dans les côtes ;
- vous n'avez pas vu vos pieds depuis 1977 ;
- et mine de rien, il va falloir le sortir à la force de votre souffle, le bestiau.

Alors oui, vous avez le droit d'être de mauvaise humeur, ou d'avoir des moments de blues, de ne pas vous trouver canon. Pour chasser vos humeurs, appelez vos copines, rappelez-leur d'organiser une grosse soirée postaccouchement pour mettre toutes vos petits dépits derrière vous. Le plus cool dans tout ça, c'est que quand vous en rentrerez, vous n'aurez qu'une hâte, aller embrasser votre enfant qui dort. Promis, c'est chouette d'être maman (et d'avoir une vie sociale).

L'ÉCHO DE LA FIN

C'est l'heure de faire la troisième échographie, celle du bilan, la dernière. Vous allez être surprise par l'étendue de l'évolution du bébé, et peut-être de moins en moins rassurée par les mesures que l'échographe vous donnera. Il pèse déjà presque plusieurs kilos. D'ailleurs, cette échographie permet aux médecins de déterminer plus ou moins le poids de naissance. Ensuite les mesures d'usage seront prises : morphologie, mais aussi position du bébé, quantité de liquide amniotique, localisation du placenta. Astuce : évitez de vous enduire le ventre de crème les jours précédents l'échographie pour vous assurer une meilleure qualité d'image.

Du shopping sans embarras

Faites vos courses en ligne, elles s'avèrent souvent être de vrais bons plans pour les futures mamans. Les petits génies du marketing ont compris les besoins des femmes enceintes et ont donc développé pour cette cible juteuse des produits adaptés, des programmes de fidélité et des réductions.

C'est le cas d'Intermarché, de Houra (Auchan en ligne) ou de Casino, et de beaucoup d'autres enseignes. Plus rien à porter, du temps de gagné, et des cadeaux : dites oui !

SA34 semaine

32

8e MOIS

Semaine du .... *au* ....

Mon poids : .... kg

Mes rendez-vous :

Alors, j'ai plutôt hâte ou plutôt peur ?

Et avec ce ventre, vous pouvez encore atteindre vos pieds ?

Cette semaine, je me suis sentie...

ma TO-DO LIST

mes QUESTIONS

Enfin les vacances ! ou pas…

Ça y est, vous êtes en congé maternité, vous allez pouvoir vous reposer et profiter un peu des temps morts ! Le sommeil se fait de plus en plus tyrannique, vous adoreriez sombrer au creux des bras moelleux de Morphée, mais votre corps en a décidé autrement. Si ce n'est pas pour aller aux toilettes, c'est le dos qui vous tire, les seins qui vous font mal et l'insomnie qui frappe à la porte de vos paupières.

Le troisième trimestre voit la qualité du sommeil se dégrader de plus en plus ; aussi, vous pourrez profiter de microsiestes de vingt minutes, lancées par de la méditation par exemple, ou en tentant la position conseillée dans « Votre sommeil et vous » (SA28). Quand il est 4 heures et que le sommeil ne vient pas, levez-vous, asseyez-vous sur votre canapé et lisez dans une atmosphère calme et reposante. Il n'y a rien de pire que d'allumer la télé ou se retourner en soufflant et en râlant dans son lit.

Qui dit congé maternité, dit aussi déjeuner de libre et si c'est l'été, profitez des terrasses, essayez d'organiser des choses à l'extérieur de la maison, il est important que vous continuiez non seulement à avoir une vie sociale, mais aussi à bouger.

LESSIVE À GOGO

La peau des nouveau-nés est irritable comme une vieille dame aigrie. Vous ne pouvez pas lui mettre de vêtements neufs (qui sont passés entre mille mains et mille malles) sans qu'ils soient passés par la machine à laver. C'est pour cela que les dermatologues préconisent des lessives douces pour minimiser les risques d'allergie et éviter les frottements avec la peau. Certains composants contenus dans les lessives traditionnelles sont très irritants donc on lit le bidon et on bannit les agents alcalins, les colorants, les parfums chimiques et les azurants optiques. Il faut que vous choisissiez une lessive avec une mention « hypoallergénique ». La mention « testé sous contrôle dermatologique » ne concerne que les risques d'irritation et non d'allergie, du coup elle n'est pas assez complète pour la peau des bébés.

Gare aux fuites de colostrum !

Dès le 5e mois, la prolactine, l'hormone responsable de la lactogenèse, est produite par l'hypophyse qui s'active pour vous permettre de fabriquer du lait. C'est pourquoi vous retrouvez parfois un liquide jaunâtre dans vos soutiens-gorge : c'est du colostrum, le premier lait que vous donnerez peut-être à votre enfant. Le corps se prépare à une éventuelle prématurité, mais que vous en produisiez ou pas, ce n'est le signe de rien, rassurez-vous. Évitez cependant de « tirer » ce précieux fluide en pressant dessus, vous risqueriez de provoquer la lactation.

SA35 semaine

33

8e MOIS

Semaine du .... *au* ....

Mon poids : .... kg

Mes rendez-vous :

Sa tenue de naissance est-elle décidée ?

Et son prénom, on est fixé ou le débat fait plus rage que jamais ?

Cette semaine, je me suis sentie…

ma TO-DO LIST

mes QUESTIONS

À force de persuasion

La méthode Coué consiste à se répéter une chose pour qu'elle finisse par arriver, c'est une autosuggestion. De nombreuses femmes sont persuadées qu'elles n'iront pas à terme, et c'est parce qu'elles s'en convainquent que c'est souvent le cas.

Il faut cependant savoir que, statistiquement, il y a très peu de femmes qui accouchent avant, à terme ou après la date prévue. Si vous pouvez retenir un chiffre fiable, ajoutez 265 jours à la date de conception, et vous obtiendrez le jour où votre bébé aura le plus de chance d'arriver. Mais un peu moins de 10 % des femmes accouchent post-terme, donc n'excluez pas cette possibilité.

Trois raisons doivent vous faire aller à la maternité pour accoucher :
- la perte des eaux (complète ou un écoulement significativement abondant) ;
- des contractions toutes les cinq minutes depuis plus de trois quarts d'heure ;
- des nausées, des vomissements et une perte d'équilibre.

Si le travail n'est pas assez avancé (sauf perte des eaux), on vous renverra à la maison, donc ne venez pas si vos contractions sont espacées de 10 minutes ou si le Spasfon fait passer vos douleurs.

Repérer LE VRAI TRAVAIL

Les contractions de Braxton Hicks se manifestent souvent par une sensation de serrement à l'abdomen, causée par un resserrement et un relâchement de l'utérus. Elles peuvent être inconfortables, sans être douloureuses. Souvent, elles s'estompent avec le repos en position couchée du côté gauche, ou en prenant une douche ou un bain chaud (évitez de prendre des bains au 8e mois, si vous perdez les eaux, vous ne vous en apercevriez pas !).

Contrairement aux contractions de travail, celles-là ne deviennent pas plus intenses : la fréquence ne varie pas, et elle ne modifie pas le col de l'utérus.

Dernière sortie à deux

Il est temps de faire une petite sortie en amoureux, pour fêter la fin de cet avant-dernier mois. Vous entrez dans la dernière ligne droite et ce sera bientôt le marathon. Faites-vous beaux, payez-vous un bon restaurant, ou allez au cinéma en amoureux. Bref, sortez de votre cocon et donnez-vous la main, comme de jeunes amoureux.

SA36 semaine

34

8e MOIS

Semaine du ______________ *au* ______________

Mon poids : ______________ kg

Mes rendez-vous :

Ce troisième trimestre, je l'aime bien, ou il me gonfle ?

Je réalise que dans cinq semaines, mon enfant sera dans mes bras ?

Cette semaine, je me suis sentie…

ma TO-DO LIST

mes QUESTIONS

INTERLUDE #8

L'accouchement sans tabous

Les différents types d'accouchement

- L'accouchement pas voie basse naturel (avec ou sans péridurale).
- L'accouchement par voie basse provoqué (hypertension, mère diabétique, maladie de cœur, etc.). Il est déclenché par l'injection d'ocytocine et de prostaglandine, des hormones qui entraînent les contractions.
- L'accouchement par césarienne programmée.
- L'accouchement par césarienne d'urgence.

L'accouchement par voie basse concerne un peu moins de 70 % des femmes. Il se passe en deux temps :

La dilatation

Elle dure environ 7 heures. Sachez que ce sont les trois premiers centimètres qui sont les plus longs à atteindre et représentent en temps LA MOITIÉ de la phase de la dilatation. Ensuite le travail est accéléré par les actions des ocytociques (médicament qui accélère le travail).

À ce moment-là, on vous placera sous monitoring et perfusion. C'est là aussi que vous recevrez la péridurale si vous l'avez choisie, comme 80 % des femmes (voir « Sous influence », en SA38). Si vous n'avez pas rompu la poche des eaux avant, une sage-femme vous la percera (indolore, mais impressionnant).

Ensuite, il faudra attendre et quelqu'un viendra régulièrement contrôler la courbe de vos contractions sur le moniteur, ainsi que la dilatation de votre col.

Petit conseil, gardez votre portable ou un livre, on peut s'ennuyer fermement. Quand la sage-femme prononcera le merveilleux « Votre col est effacé », cela voudra dire qu'il est temps de passer à la phase 2 : l'expulsion !

L'expulsion

C'est l'étape qui fait le plus peur, mais elle ne dure que 30 minutes (et moins de 20 minutes quand on est multipare).

Si vous n'êtes pas déjà en salle d'accouchement, c'est à ce moment-là qu'on vous y emmènera. La dilatation se termine par des contractions très fortes et très rapprochées (moins d'une minute).

Il est important de bien suivre les instructions du personnel, si vous n'avez pas suivi les cours d'accouchement sans douleur, voici un récapitulatif.

* À l'arrivée d'une contraction : inspirez par le nez et expirez par la bouche lentement. Quand la sage-femme vous dira de « pousser », vous pourrez vous laisser aller à cette force irrépressible qui vous donne envie de pousser. Quand vous poussez, visualisez vos abdominaux, ils aident l'enfant à descendre.

* Quand la contraction commence : respirez complètement, pour bien vous détendre.

* Au moment de la contraction : bloquez votre respiration et poussez en contractant vos abdos le plus longtemps possible. Tout l'air dans vos poumons appuie sur le diaphragme, qui lui-même pousse l'utérus.

* Entre deux contractions : reprenez votre souffle calmement.

Mais ne vous inquiétez pas, vous serez guidée par l'équipe présente.

* Quand la tête de votre enfant apparaît, la sage-femme vous demandera d'arrêter de pousser, pour éviter que sa tête ne déchire quoi que ce soit. Après, la sage-femme vous guidera et elle sortira le corps entier de votre enfant.

* Vous resterez ensuite une ou deux heures sous surveillance dans la salle d'accouchement. L'expulsion du placenta se produit environ 20 minutes après. Vous aurez de nouvelles contractions mais rassurez-vous, elles seront beaucoup plus douces. Elles auront pour but de décoller le placenta collé à l'utérus.

Ce qu'on dit moins

* Votre enfant peut être un peu violacé, ou ensanglanté (par votre sang) et un peu moins propre que vous n'aviez pu vous le figurer.

* Il aura une grosse tête (le quart de la taille totale, alors que chez les adultes elle représente la septième de la taille). De plus le front est très grand, par rapport au reste de sa tête (il représente les trois quarts au lieu de la moitié). La forme du crâne, selon le déroulé de votre accouchement, sera un peu cabossée ou en pain de sucre. Le nez est un peu aplati, les yeux éminemment grands. Il peut y avoir du duvet, qui tombera au cours des prochains jours. Sa peau peut virer à l'orange, en cas de petite jaunisse, et ses ongles peuvent être longs.

* Vous n'êtes pas obligée d'être instantanément submergée d'amour, vous pouvez être aussi simplement en état de choc.

La césarienne

Sachez que vous pouvez commencer par une voie basse et terminer en césarienne d'urgence.

En cas de césarienne, vous serez amenée au bloc opératoire, coiffée d'une charlotte sexy et si vous n'avez pas reçu de péridurale, on vous en remettra une dose, au cas où. Vous serez allongée, les bras en croix et maintenue pour éviter un réflexe brusque. Ensuite, les infirmières vous nettoieront à la Bétadine du nombril jusqu'aux cuisses. Le personnel médical posera aussi « le champ » : le drap qui vous sépare des chirurgiens et qui vous empêche de voir ce qu'il se passe. On testera votre sensibilité pour être sûr que vous ne sentez rien.

Ensuite, l'opération commencera par une incision indolore de la peau de l'abdomen, des muscles et enfin, de l'utérus pour sortir votre enfant. Sachez que l'anesthésie enlève la douleur mais pas la sensation. Vous « sentirez » comme des caresses et des mouvements, ce qui est assez déstabilisant. L'arrivée de l'enfant est étonnamment rapide, vous entendrez son cri (c'est là où on pleure souvent).

La position allongée empêche de vraiment voir son enfant, il faut s'y préparer, c'est peut-être le plus duredans une césarienne. Il y a deux heures en salle de « réveil », heures pendant lesquelles vous serez seule.

9e MOIS *du* .... *au* ....

	jour de semaine			
semaine 35 / SA37	jour / mois	.../...	.../...	.../...
semaine 36 / SA38	.../...	.../...	.../...	.../...
semaine 3 / SA39	.../...	.../...	.../...	.../...
semaine 38 / SA40	.../...	.../...	.../...	.../...
semaine 39 / SA41	.../...	.../...	.../...	.../...

année ____________________

…/…	…/…	…/…
…/…	…/…	…/…
…/…	…/…	…/…
…/…	…/…	…/…

mes **NOTES**

La der des der

Cette semaine vous connaîtrez votre dernier examen prénatal. Ces tests de routine, vous avez fini par vous y habituer. Faire pipi dans le gobelet, parfois faire la queue à l'hôpital avec ledit pot, et garder sa dignité. Lors de ces rendez-vous, on rit, on pleure, on relâche la pression, on partage ses angoisses, on pose des questions, mais quoi qu'il en soit, cette dernière consultation sonne le glas. Il y a quelque chose de libérateur (c'est terminé) et de terrifiant (Bordel, mais je vais vraiment accoucher ! ?).

Les cinq prochaines semaines, vous allez guetter les signes, terminer les derniers préparatifs et BEAUCOUP parler de votre état. Vous aurez de plus en plus de mal à vous déplacer, même si les impatientes essaieront de monter les escaliers, voire sauter, pour provoquer le travail. Bref, vous voyez le bout du tunnel et vos émotions sont aussi bousculées par votre sens pragmatique. Est-ce que tout est prêt ? Est-ce que tout va bien se passer ? Est-ce que *Downton Abbey* est la meilleure série pour me tenir au chaud ces prochaines semaines ? Les réponses sont oui, oui et re-oui !

FAUT FAIRE *ses bagages* !

- Votre tenue pour accoucher « poussez-madame » ample (mais jolie pour les photos).
- Chaussettes + chaussons.
- Des chemises de nuit courtes pour faciliter les soins aux infirmières et qui s'ouvrent facilement devant si vous allaitez.
- Deux soutiens-gorge (d'allaitement + coussinets d'allaitement si vous allaitez).
- Des serviettes hygiéniques + des slips jetables.
- Une trousse de toilette pour vous et votre conjoint avec du shampooing sec, des lingettes et un miroir au cas où vous êtes alitée.
- Du vernis à ongles (vous avez bien lu).
- Un chargeur de téléphone pour vous et pour votre conjoint.
- Un pull ou un gilet doux, il ne fait jamais très chaud dans les hôpitaux.
- Le coussin d'allaitement (voir « Câlin au coussin » en SA27).
- De la monnaie : pour le distributeur (pour la caféine que s'injectera votre conjoint(e) en attendant que « le col s'efface »).
- Vos papiers + le dossier de grossesse.
- Deux jolis robes, chemisiers ou blouses fluides pour recevoir les visites (qui vous donnent bonne mine, vous allez être prise en photo).
- Un sac pour le linge sale.
- Une bouteille d'eau / un brumisateur.
- De la musique (MP3, portable, etc.) et un casque, de la lecture, des cartes...

SA37 semaine

35

9e MOIS

Semaine du .... *au* ....

Mon poids : .... kg

Mes rendez-vous :

Pour ou contre la Baby shower ?

Le top 3 des films préférés vus pendant cette grossesse ?

Cette semaine, je me suis sentie…

ma TO-DO LIST

mes QUESTIONS

Il faut souffrir pour être belle

Pas le moment de relâcher vos efforts : nourriture, soins pour la peau, il ne vous reste plus que trois semaines à tirer et c'est plié. Parfois on a vraiment envie de ralentir, mais ce serait une grosse erreur, c'est dans cette dernière ligne droite que le corps est le plus éprouvé et a besoin d'être nourri à fond. Les vergetures ne sont jamais loin, méfiez-vous, si vous avez été sérieuse tout au long de la grossesse, vous devez vraiment le rester sinon vous allez ruiner votre travail. C'est le moment, au contraire, de prendre rendez-vous chez l'esthéticienne pour une épilation complète. Elle n'est pas obligatoire, mais vivement conseillée, vous finirez sinon au rasoir à l'hôpital. Ne prévoyez aucun rendez-vous les deux heures qui suivent cette épilation, en effet, la peau est souvent sensibilisée par les hormones, et la douleur de la cire peut être plus vive que celle que vous connaissez. Vous allez peut-être pas mal dormir après ce « soin esthétique » !

SOUS *influence*

Parlons de la drogue qui va vous permettre d'accoucher sans trop de douleur : la péridurale. Le principe, vous le connaissez sûrement, puisque vous avez eu rendez-vous avec l'anesthésiste il y a quelques mois. La procédure consiste à introduire un cathéter dans l'espace péridural (entre la 3ᵉ et la 4ᵉ vertèbre lombaire).

Il faut qu'elle soit ni trop dosée (vous ne sentirez rien passer et pousserez mal), ni trop douce (sinon, là vous allez un peu douiller). La péridurale bien proportionnée permet de « ressentir » l'expulsion, sans pour autant « souffrir ».

Sachez que la péridurale ralentit le travail, ce qui provoque souvent des accouchements plus instrumentalisés (utilisation de forceps, de ventouse pour extraire l'enfant). L'autre inconvénient est qu'une fois posée, on ne peut plus bouger (et donc changer de position, pour s'accroupir par exemple, et faciliter la décente du bébé).

Vernis

Le vernis à ongles perturbe le capteur de saturation qui sera posé au bout de votre doigt. De plus, il couvre la couleur naturelle de vos ongles (bon indicateur de votre état de santé). Toutefois, les professionnels n'ont besoin que d'un doigt sans vernis, donc, dans le doute et si vous voulez absolument une manucure, évitez le vernis gel permanent et laissez un doigt libre.

SA38 semaine

36

7e MOIS

Semaine du .... *au* ....

Mon poids : .... kg

Mes rendez-vous :

Il faut penser à se décider : le/la partenaire dans la salle ou dans le couloir ?

Les sentiments du/de la conjoint(e) devant l'imminence du jour J ?

Cette semaine, je me suis sentie…

ma TO-DO LIST

mes QUESTIONS

Distraction nécessaire

Si vous êtes impatiente, que vous guettez les signes, qu'au premier coup de pied ou signe d'accalmie, vous vous ruez sur un taxi direction la maternité : respirez, vous allez finir par devenir zinzin. Oui, c'est long, mais vous savez ce qui rend le temps encore plus long ? Le regarder passer ! Non seulement vous allez vous épuiser, mais vous chargez votre bébé de mauvaises ondes, juste avant sa venue, et ça, ce n'est pas conseillé.

Donc, pour ne pas tourner comme un lion en cage, il existe plusieurs solutions :

- Se faire l'intégrale d'une série qu'on ne connaît pas ou au contraire qu'on adore (*Friends*, *Malcolm*, qu'importe).
- Lire TOUT ce qui vous tombe sous la main. Viendra bientôt le moment où vous vous plaindrez de ne plus avoir le temps de lire.
- Repasser tous les vêtements du petit (ma mère disait que ça tuait les microbes). Ça occupe, mais c'est quand même hyper chiant.
- Se promener (même pour 15 minutes, c'est toujours ça de gagné).
- Convier du monde à la maison (pour qu'ils vous aident en vous faisant par exemple à manger, à laver le linge) et multiplier les apéros, les déjeuners.
- Apprendre un truc nouveau : coudre, tricoter, dessiner, faire de la flûte, des gâteaux… Qu'importe : apprenez !

RESTEZ ATTENTIVE *aux signaux* !

La pré-éclampsie est une hypertension artérielle gravidique qui peut mener à l'éclampsie (crise de convulsions qui constitue une urgence vitale pour la mère et l'enfant). Elle ne concerne que 5 % des femmes enceintes mais en terrorise 100 %. Les facteurs principaux qui la favorisent sont, bien sûr, l'hérédité mais aussi le surpoids, le diabète ou certaines maladies. Même si la pré-éclampsie est rare, **l'hypertension** est assez inquiétante et plus commune. Si vous avez des palpitations, des vertiges, des troubles de la vue, des vomissements, le nez qui saigne, les pieds et les mains engourdis, appelez l'hôpital.

Sur les nerfs

Les tensions de ces dernières semaines se sont accumulées, et le couple est souvent très éprouvé en fin de parcours. Fatigue, stress des derniers jours (hormones, bah oui, encore) sont propices aux disputes. Ne vous laissez pas prendre au piège et mieux vaut bouder une heure que de crier. L'important, c'est surtout de savoir se pardonner et passer à autre chose.

SA39 semaine

37

9e MOIS

Semaine du ______________ *au* ______________

Mon poids : ______________ kg

Mes rendez-vous :

Quelle amie m'a le plus aidée à relativiser l'accouchement ?

Les premiers signes de travail que j'ai ressentis ?

Cette semaine, je me suis sentie…

ma TO-DO LIST

mes QUESTIONS

Mieux vaut prévenir…

En préparant ce guide, il a fallu déterminer quelles étaient les informations essentielles qu'il fallait partager, et la première chose c'est : le congélateur. En cas d'alitement forcé durant les dernières semaines, un frigo plein de courses est capital. Alors cuisinez pleins de petits plats (pour vous occuper) et congelez-les.

Autant vous dire que pour le retour de la maternité, avec votre partenaire et le petit nouveau, vous serez plus que ravie de pouvoir vous consacrer à admirer la beauté merveilleuse de votre nouveau-né plutôt que de vous demander quoi manger.

Prévoir, voilà le verbe le plus important d'une grossesse : prévoir qui va garder les aînés, le chat. Prévoir des courses pour votre retour, les vêtements en fonction des tendances météo des prochains jours, et pourquoi pas un budget pour une femme de ménage pour le prochain mois… Plus vous gérez de choses en amont, plus vous aurez de temps en rentrant. Personne n'a envie de remplir des papiers, changer les draps, faire des courses alors qu'on se remet de neuf mois à avoir fabriqué une vie pour l'expulser.

Vous serez bien trop heureuse d'être TRANQUILLE à pouponner dans votre cocon parfaitement organisé !

À DEUX, *c'est mieux !*

Prenez le temps de vous assurer que votre conjoint(e) va bien. Pour l'instant, c'est vous qui faites le plus gros, mais bientôt, votre moitié va devoir assurer tout autant. Pour le/la partenaire, la parentalité c'est dans quelques semaines, alors que vous avez eu le temps de vous y faire. Souvent l'entourage ne se soucie pas trop du parent 2. La femme enceinte est au cœur de toutes les conversations et attentions. Pourtant, même si ce n'est pas physiquement, cette future maman ou papa a aussi besoin d'être écouté(e), rassuré(e) sur la suite. Si vous vivez cette aventure à deux, alors n'oubliez pas que vous êtes deux !

Forcer le destin

Le décollement des membranes est un moyen efficace (mais pas infaillible) de provoquer un accouchement. On peut proposer un décollement de « convenance » à partir de SA39 ou en cas de dépassement du terme.

La sage-femme glisse un doigt puis effectue un mouvement circulaire dans le col de votre utérus, afin de décoller les membranes de l'œuf de la paroi utérine. Des hormones (appelées prostaglandines) vont être libérées et peuvent déclencher le travail. Selon la sensibilité, la manipulation peut être assez douloureuse.

SA40 semaine

38

9e MOIS

Semaine du ______________________ *au* ______________________

Mon poids : ______________ kg

Mes rendez-vous :

Alors ce dernier mois, je le vis comment ?

Allez, encore un petit QCM pour la route !

- ○ Belle
- ○ Angoissée
- ○ Impatiente
- ○ Peureuse
- ○ Libérée
- ○ Au bout du rouleau
- ○ Hyper zen
- ○ Sereine
- ○ Courageuse
- ○ Délivrée

ma TO-DO LIST

mes QUESTIONS

This is it !

39e semaine de grossesse : BRAVO, vous êtes une *warrior* ! Cette semaine, curieusement, vous allez être prise d'une frénésie de ménage et de rangement. C'est le syndrome de la nidification auxquelles toutes les femelles mammifères sont sensibles. On prépare le nid, pour que l'enfant soit bien. Mais la nidification nous pousse même à faire du tri dans notre vie personnelle, vous verrez que le dernier mois est propice au rétrécissement de votre entourage. On restreint son profil Facebook, on filtre la prévision des visites à la maternité, on se recentre sur l'essentiel car désormais on veut que tout se passe le mieux possible pour sa famille et pour soi.

Votre semaine va se dérouler un peu exceptionnellement, car vous ne pourrez pas y échapper, ça y est, vous allez accoucher !

DANS LE DOUTE, SE RENSEIGNER

Comme l'épisiotomie fait peur, autant comprendre exactement ce que c'est : une ouverture du périnée qui permet de faire un peu plus de place à la tête de l'enfant pour qu'il sorte. Elle n'est pas douloureuse (généralement pratiquée au moment d'une contraction). La pratique est cependant controversée : une campagne menée par des associations en Angleterre a permis de faire chuter le taux d'épisiotomie de 52 % à 13 %. En France, 50 % des femmes y ont droit et l'OMS préconise d'abaisser ce taux à 20 % car les conséquences d'une épisiotomie sont nombreuses (cicatrisation douloureuse, soins importants, déchirure du périnée, incontinence urinaire et anale).

Avis d'expulsion !

Si votre enfant ne sort pas, ce n'est pas pour vous rendre folle, mais parce qu'il n'est pas prêt. Il existe peu d'études qui prouvent que les méthodes suivantes sont efficaces (elles traversent le temps comme Arielle Dombasle).

- *Marcher, monter des marches, s'activer (c'est sans risque à partir du moment où vous ne vous épuisez pas).*
- *Faire l'amour (c'est sans risque sauf si vous avez perdu les eaux ou que le médecin vous l'a déconseillé à cause d'un placenta bas par exemple).*
- *La médecine alternative : acupuncture, l'homéopathie… Mais pour ça, idem, mieux vaut bien se renseigner.*

SA41 semaine

39

9e MOIS

Semaine du ______________ *au* ______________

Mon poids : ______________ kg

Mes rendez-vous :

Lequel/laquelle de nous deux va le plus pleurer à l'accouchement ?

Faites vos jeux, rien ne va plus !

- ○ Brun ○ Blond ○ Roux
- ○ Yeux clairs ○ Yeux foncés
- ○ Grand ○ Petit
- ○ Costaud ○ Crevette

ma TO-DO LIST

mes QUESTIONS

INTERLUDE #9

Séjour à la maternité

Vous allez rester de 3 à 5 jours à la maternité, et pour bien les vivre, il existe de véritables règles de survie que s'offrent les mamans sous le peignoir, dans les couloirs de la clinique.

Les visites

Il est très rare qu'on ait envie de faire la « mondaine » directement après l'accouchement. Si votre enfant est né le matin, préférez recevoir les premiers visiteurs le lendemain, ou si les grands-parents ne peuvent pas attendre, le soir même. Ce qui vous laisse la journée pour vous reposer et vous faire une toilette avant de présenter l'enfant à sa famille. Ne vous forcez surtout pas à recevoir qui que ce soit si le cœur n'y est pas, et si vous culpabilisez, choisissez un horaire proche de la fermeture des visites, vous n'aurez pas à donner congé vous-même, le personnel médical le fera pour vous.

Le parent n° 2

Si votre conjoint(e) peut se permettre de rester, qu'il/elle le fasse. Ce n'est pas à la clinique de décider (aucune loi n'empêche un parent de dormir dans la chambre de sa compagne et de son enfant). Il devra se nourrir seul, pourvoir lui-même à son oreiller, voire sa couverture aussi. Toutes les maternités ont des lits d'appoint et peuvent accueillir ce deuxième parent.

Ceci est un des plus précieux conseils que l'on puisse vous donner, mais vraiment, les premières nuits après un accouchement sont plus belles à deux que seule.

La place de votre conjoint(e), si c'est possible, est à vos côtés, ne serait-ce que pour vous permettre de vous reposer en toute quiétude. Si en plus, il/elle peut télécharger quelques films pour occuper vos soirées, c'est encore mieux !

Manger

On ne va pas se mentir, les cliniques ne sont pas réputées pour fournir des repas somptueux. Vous pouvez toutefois demander à votre moitié de vous amener ce qui vous fera plaisir, vous pouvez même commander à manger. Après tout, vous vous êtes fermée à la charcuterie, aux sushis et parfois même au gluten, alors, vous avez le droit de vous lâcher (le régime, ce sera pour après le baby-blues).

En vrac

N'imaginez pas être heureuse ou enchantée... Ne vous attendez à rien. Prenez le temps de profiter du calme, du silence, de cette première prise de connaissance à trois.

Si vous allaitez, une sage-femme sera là pour vous guider lors de votre séjour à la maternité. Vous verrez, vous aurez peu de temps pour vous et recevrez la visite de différents médecins et personnels hospitaliers pour vos soins et ceux de l'enfant.

Prévoyez un petit carnet de naissance où vous noterez précieusement tout. Souvent les médecins vous poseront des questions (À quelle heure a-t-il mangé, combien a-t-il pris, etc.). De plus, tous les conseils pourront être compilés.

Les fleurs ne sont pas forcément conseillées : elles finiront souvent dans la salle de bains, donc faites passer le mot : champagne, oui, orchidées, non !

Posez des questions ! C'est nécessaire. Vous serez peut-être parfois étonnée par le ton des médecins, des infirmières, mais personne ne vous enverra paître si vous vous inquiétez. Vous avez trois jours pour récolter le maximum d'informations, ne vous privez pas.

On va vous apprendre à changer votre enfant, lui donner un bain, le nourrir et il fera un ensemble de tests qui, s'ils sont concluants, garantiront votre sortie.

Vous apercevrez une note dans le carnet de santé appelée le score d'Apgar. Ce test permet d'évaluer l'état de santé d'un nouveau-né en appréciant son état clinique et son adaptation à la vie extra-utérine. Une note entre 0 et 10 est calculée en fonction de cinq critères : la fréquence cardiaque, la respiration, le tonus musculaire, la réactivité et la coloration du nouveau-né. Une note de 0 à 2 points est attribuée à chacun de ces critères en fonction de leur intensité. Le score est calculé à 1, 3, puis 5 minutes après la naissance. Il peut aussi être mesuré à 10 minutes.

Rassurez-vous, vous devrez obligatoirement faire une visite de routine huit jours après la sortie.

Épilogue

En réalité une grossesse ne dure pas neuf mois, mais dix. Il faut vraiment attendre un mois complet après l'accouchement, pour sentir ce grand événement derrière soi. Les stigmates sont peut-être encore là, puisque si le ventre s'est maintenant quasi dégonflé, il reste à perdre les kilos de grossesse, le périnée à remuscler et la paroi abdominale à rebooster. La cicatrice de la césarienne met aussi un peu de temps à se faire oublier, quant à la vie sexuelle, pour être honnête, elle reste en suspens. Mais le plus fou et déstabilisant reste de faire connaissance avec cet enfant qui était en vous et qui est désormais devant vous.

Baby-blues et fatigue

La période d'acclimatation des premiers mois est, pour de nombreuses raisons, compliquée. Entre euphorie, baby-blues, fatigue cumulée, corps à apprivoiser et nouvelle vie qui commence, difficile de ne pas se sentir perdue... Courage, bientôt vous filerez à l'anglaise avec votre chéri(e) pour une soirée comme au bon vieux temps, et rentrerez ravis de retrouver votre toute nouvelle famille.

En attendant, ne refusez pas l'aide d'une amie attentionnée qui veut vous aider pour le ménage et vous garder deux heures votre enfant le temps de vous reposer. Demandez à votre partenaire d'en faire plus que vous. Vous avez besoin de vous reposer de ces neuf mois, et il doit vous soulager. Sachez que la fatigue aggrave les symptômes du baby-blues. Le meilleur conseil qu'on peut donner aux jeunes parents et qui est vraiment efficace : dormez quand votre enfant dort...

Sortez !

Pour une heure ou deux, quitter votre appartement, même si c'est pour aller au café d'en face, à la pharmacie. Posez-vous. C'est la première fois depuis neuf mois que vous êtes à nouveau seule. Il vous reste des réflexes de femme enceinte, le premier étant de se toucher le ventre.

C'est important de ne pas trop vivre dans la nostalgie de ce ventre vide. La pensée positive sera d'imaginer votre mec, pas très rassuré, à l'idée d'être lui aussi seul pour la première fois avec votre enfant.

Réapprendre à être seule, et à s'aimer de nouveau. Prenez rendez-vous chez le kinésithérapeute (deux mois après), programmer un repas avec vos copines. Reprenez rapidement une vie « normale », c'est une des clés pour ne pas sombrer dans un enfermement sur votre foyer. N'oubliez jamais que devenir mère ne veut pas dire ne plus être une femme. Vous avez une nouvelle casquette, pas une nouvelle identité.

Ce qui est bien avec les nourrissons, c'est qu'ils s'endorment au restaurant, dans les cafés bruyants... Ils dorment BEAUCOUP (presque 19 heures par jour). Plus tard, quand le bébé prendra conscience de tout ce qui est autour de lui, il exigera plus de confort pour dormir et ne supportera pas d'être de longues heures dans sa poussette. Oui, vous pouvez faire les boutiques, des balades et des restaurants aux chandelles avec une nacelle à côté. Plus vous sociabiliserez votre enfant, moins vous aurez de chance qu'il grogne comme un ermite.

Programmez le retour de votre bonnassitude

Il n'est pas question de faire un régime et des tractions dès le lendemain de votre accouchement, mais vous pouvez prendre le temps d'établir un plan de guerre. La légende voudrait que l'on mette autant de temps à perdre ses kilos de grossesse qu'à les prendre – 9 mois donc. Mais ne vous mettez pas trop de pression, la vie active d'une maman permet un sport quotidien, fixez-vous un objectif raisonnable et faites du sport. Non seulement cela permet de réguler son alimentation naturellement, mais en plus il aide à dormir (et favorise la non-reprise du tabac).

Et bien sûr

- Prenez des milliers de photos.
- Organisez un apéro pour le présenter à vos amis.
- Changer de couleur ou de coiffure (c'est le moment idéal).
- Profitez de votre congé mat' à fond.
- Faites un Photomaton à trois (c'est troooop bien, les Photomaton).

Oui, vous avez pesté après votre grossesse, vous avez maudit votre enfant parce que vous creviez d'envie d'une clope/d'un sushi/d'un bloody mary... Mais avouez, devant son profil (qui s'est nettement amélioré depuis le premier jour), c'est plutôt cool de l'avoir en vrai. Vous voyez, ne pas aimer la grossesse ne fera pas de vous une mauvaise mère, mais vous n'en doutiez pas, n'est-ce pas ?

Les QUATRE TEMPS FORTS *de ma* GROSSESSE

1.

2.

3.

4.

Ce que j'ai le moins aimé dans ma grossesse :

Mon moment préféré que je pense raconter à mon enfant jusqu'à la fin de mes jours :

Le meilleur conseil qu'on m'a donné en neuf mois :

La remarque la plus drôle qu'a eue mon/ma partenaire pendant la grossesse :

Qui de nos amis a rencontré le divin enfant et quels ont été ses mots, sa réaction ?

Photos, dessins et petites choses à coller
qui me rappelleront cette période

(oui, même un ticket de ciné comme dans son journal intime de lycéenne)

Notes personnelles

Notes personnelles

Notes personnelles

Notes personnelles

Notes personnelles

Notes personnelles

Notes personnelles

Notes personnelles

Édité par Hachette Livre
(58, rue Jean Bleuzen, CS 70007, 92178 Vanves Cedex)
Imprimé par Toppan en Chine pour le compte des éditions Marabout.
Dépôt légal : mai 2016
ISBN : 978-2-501-06660-0
40.5757.6
Édition 01

¿Con quién estás? (2003)

Las tardes (2003)

Rec. unión (2001)

Europcar
ORSON the

Esta edición
de los guiones de
ORSON the KID
se terminó de imprimir
el 2 de octubre de 2003
en Madrid.